The Truth of Money

お金の真理

大富豪が教える
「お金に好かれる5つの法則」

斎藤一人
Saito Hitori

サンマーク出版

はじめに

私はよく人から相談を受けるのですが、その中で一番多いのが〝お金〟に関する話です。仕事のことや家族に関する相談など、直接お金に関係なさそうな話の中にも、実はお金の性質や本質を知ることで解決できる問題がたくさんあります。

そこで本書では、**「お金に困らなくなる方法」**や**「お金持ちになれる方法」**をまとめてみました。

私の知る限り、お金に関することで、これ以上の話はないと思っています。あればすぐにでも聞きに行きますし、いつでも考え方を変えるつもりです(笑)。

実際、私はこの本に書くようなことを知っていたからこそ、累計納税額日本一の大金持ちになれましたし、私のお弟子さんや私の教えを実践して成功した人は全国にもたくさんいます。

だからまずは**「そんなものかな」**程度でもいいので、この本に書かれている中から自分ができることを実践してみてください。そうやってあなたが一歩踏み出せば、その前には、必ず幸せなお金持ちになるための道が開かれています。

ただ最初に、一つだけお断りをしておきます。

この本には**「神」**や**「神様」**という言葉がたくさん出てきます。

なぜかというと、私は神様を信じているからです。だからといって私は宗教家ではありませんし、「あなたも信じてください」と言ったりもしません。

神を信じても信じなくても、結果は同じです。

りんごを手から離せば落ちてしまうように、これは**〝法則〟**なのです。

夜中に旅人が道に迷ったとき、〝北極星〟を頼りに自分のいる位置や進むべき方角を知ることができます。

できればこの本が、あなたにとっての北極星になることを心から願っています。

斎藤一人

お金の真理

大富豪が教える「お金に好かれる5つの法則」

目次

第2の法則

「なぜかお金が入ってこない人」は心のどこかでお金を嫌っている

第3の法則 目の前の問題を解決すると豊かになれる

第4の法則

神様を信じる人は成功する

第5の法則
「自分は運がいい」と思い込めば運は良くなる

装幀　渡辺弘之
本文ＤＴＰ　ジェーアート
出版プロデュース　竹下祐治
編集　鈴木七沖（サンマーク出版）

【第1の法則】

お金は〝知恵〟と〝忍耐〟を学ぶためにある

自分のためにお金を残さないのは
自分のことを全然可愛《かわい》がっていないのと一緒だよ

お金の儲《もう》け方には2種類ある

それでは早速、**「誰でもお金持ちになれる方法」**について話を始めます。

人間は大別すると「特殊な才能を持っている人」と「そうでない人」の2種類に分かれます。

〝特殊な才能〟っていうのは、たとえば「世界で1番か2番くらいに足が速い」とか、「1曲歌うだけで何百万円ももらえるほど歌がうまい」などのことです。

特殊な才能を持っている人は、その才能を上手に活《い》かせばお金持ちになれます。

一般的な人たちは、そのような人のことを「いいなぁ」とか「得してるなぁ」って思うかもしれないけれど、決して羨ましがっちゃダメなんだよね。

特殊な才能を持っている人は、過去、つまり前世で何世代にもわたって、その才能を磨いてきた人なの。

たとえば、イチロー選手でも、努力をしたからあれだけの選手になれたのではありません。もちろん今世でも努力していますが、これは前世でも何世代もかけて努力を積み重ねてきた結果なんです。

だから、他の人が、今世だけイチロー選手と同じ努力をしたから必ずそうなるかというと、残念ながらならないわけです。

作曲家のショパンも3歳で難しい曲が弾けたと言われていますが、それもやっぱり何世代にもわたって音楽の才能を磨いてきたからなんだよね。

だから、「うちの子にも小さい頃からピアノをやらせれば……」って思う人もいるけれど、今世から始めた子なら同じようにはいかないんだよ。

だからといって悲観する必要はありませんからね。今世で努力してきたことは必ずどこかで役に立ちます。今世で結果が出なかったとしても、来世では必ず報われるときが来るようになっています。

だから勉強でもスポーツでも、「どうせがんばったって、才能のある人にはかなわない」って諦めるんじゃなくて、**「今世で結果が出なくても、来世に花が咲くから」**くらいの気持ちで楽しくやるのがいいよね。

なんでもそうだけど、苦しみながら続けるよりも、楽しく続けたほうがうまくいきます。

あなたは誰かの〝奴隷〟になっていませんか？

続いて、「特殊な才能を持っていない人」がどうすればお金持ちになれるかについて説明します。

サラリーマンでもなんでも**働くことで得られる〝収入〟**というのがあります。

収入がない人は、まず働いて収入を得るところから始めてください。

専業主婦なら家庭の仕事をすることで夫や家族を補佐しているので、夫婦で収入を得ていると考えられます。

それで、お金持ちになるには、その収入のうちの**〝10分の1だけ自分にあげればいい〟**んだよね。

こう言うと、「いや、私はもらった給料は全部、自分にあげています」っていう人がいるんだけど、それならそのお金やそれだけの価値が手元に残っているはずです。

ところが、もしお金がまったく手元に残っていないんだとしたら、あなたはそのお金を**〝誰かにあげている〟**ことになります。

家賃として大家さんにあげたり、食費としてスーパーにあげたり、バッグ代として鞄《かばん》屋さんにあげたりしているの。

これって言い換えれば、大家さんやスーパーのために働いているのと同じことですし、言い方は悪いけれど、**〝社会の奴隷〟**と一緒です。

もちろん、生きていくには生活するための家も必要ですし、体を養うためには食費もかかります。でも、稼いだお金が手元にまったく残ってないのだとしたら**「全部、誰かのためにあげてるのと同じだよね」**って言いたいの。

まずは収入のうちの1割を残すようにする。

月に20万円の給料をもらっている人なら2万円、30万円もらっている人なら3万円を毎月、貯《た》めるんです。そうすれば、30万円をもらっている人なら1年経《た》てば確実に36万円が貯まり、10年後には360万円の〝お金持ち〟になれます。

だから、まずは大家さんや服屋さんや飲み屋さんのためだけに働く〝奴隷〟から脱却して、**「10分の1だけでも自分にあげる」**。つまり、10分の1を手元に残すようにしてください。

たった1割でいいんです。残りは使っていいの。

「9割貯めろ」って言っているんじゃないんだよ。

自分が稼いだお金が一銭も残らないのは、自分に一銭もあげていないからなんです。大人だって子どもだってお金をあげれば喜ぶでしょう。それを服屋だけにあげちゃったり、飲み屋だけにあげちゃったりしているうちは残らないよね。

自分のために残さないのは、自分のことを全然可愛がってないのと一緒だよ。

とにかくこれが**「お金に困らない」**ための、そして**「お金持ちになる」**ための第一歩になるのです。

「知恵と忍耐」を学べば魂は向上する

ここで少し不思議な話をしましょう。

「はじめに」でも書きましたが**〝法則〟**の話です。

人間は何度も生まれ変わります。
何のために何度も生まれ変わるのか、わかりますか？
それは**「魂」**を向上させるためです。

では、どうすれば魂を向上させることができると思いますか？
それは**「知恵と忍耐」を学ぶこと**です。

人が生まれると、そこには誰にでも**「試練と困難」**が用意されています。そして、その人の人生にとって、ちょうどいい時期に、「試練と困難」が現れるようなしくみになっているのです。

「試練と困難」が出てくると、それを解決するために、人間は「知恵と忍耐」が必要になります。つまり、そこでどうやって解決すればいいかという「知恵と忍耐」を学びながら、魂を向上させるわけです。

だから、どんな人にも「試練と困難」は現れます。

これは〝決まり〟なんですね。


命って**「〝人〟は〝一〟度は〝叩《たた》〟かれる」**と書きます。

人は生きていれば必ず試練や困難といった、叩かれるような出来事が起こることになっていて、そのときにどんな心構えでいられるかがとても大切なんだよね。

たとえば、困難に怖気《おじけ》づいちゃう人。さらには「困難は来なきゃいい」と思っている人がいたとします。こういう人は、だいたい困難に負けちゃうんだよね。

どれだけイヤでも、どれだけ逃れようとしても「試練と困難」は現れるようなしくみになっているの。


私はよく「困ったことは起きないよ」って言うんだけど、それはつまり**「困っ**

たことが起きるのは魂の成長のためだよ」っていうことなの。

それは困難じゃなくて**〝階段〟**みたいなものだから。

起こったことに対して「困難だ」と思うか「成長するための階段だ」と思うかで、人生そのものに対するとらえ方も味わい方も全然違うよね。

神様は私たちに「知恵と忍耐」を教えたいのです。

だとするなら、お金を貯めるのにも、それを利用すればいいんだよ。

財布にお金を残すと〝忍耐力〟が養える

ここでもう一度、**「収入の１割を貯める」**話に戻ります。

月に20万円のお給料をもらっている人なら月に２万円、財布の中に残すようにします。そうすると、来月には４万円になり、５か月後には10万円になるよね。

そういうふうに財布の中身は膨らんでいくでしょう。

「銀行口座に残すのではダメですか？」って聞いてくる人もいますが、もちろんダメではないけれど、まずは財布に残すようにしてください。なぜかというと、財布の中身を〝**肥えさせる**〟ところに意味があるからです。


これも一つの法則なのですが、お金には**「あるところに集まる」**という習性があります。

実は、空の財布を持っているのが、一番波動的に良くありません（世の中にはすべてにおいて「波動」っていう波があって、それぞれの波が共鳴し合って物事が起きています）。財布の中にお金があまり入っていないと、そこからは貧しい波動が出てしまうからね。

逆に、財布の中に十分なお金が入っていれば、そこからは豊かな波動が出てきます。その豊かな波動が、**同じ豊かな波動を持つものを引き寄せる**のです。

さらには「十分なお金を持っている」という精神的な豊かさも生まれ、心のゆとりや金銭的な安心感も持てるようになるでしょう。

ただ、ここで多くの場合、問題が発生します。それは「持っていると使っちゃう」とか「財布に入れていると使いたくなる」という気持ちが生まれることです。「持っていると使っちゃう」という人は**〝忍耐〟**が足りない証拠です。だからこそで**「持っていても使わない」**という忍耐を養うのです。

人の欲には際限がありません。「給料が上がったら貯金しよう」と思っていても、給料が上がった分だけ欲も上がります。

たとえば、毎月20万円の収入から2万円を貯めることができれば、給料が30万円になれば増えた分の10万円プラス2万円で、12万円を毎月貯めることができるはずです。

でも実際は、なかなかそうなりません。なぜかというと、収入が増えた分だけ欲も増えて使ってしまうからです。

だから、まずは収入の1割を財布に残して、**豊かな波動を身につける**とともに、「持っていても使わない」ことで**〝忍耐力〟**を養ってみましょう。

また「財布に大金を入れておくと、落としたり、盗《と》られたりしないか心配」と言う人もいます。ここでお金を持つための**〝器量〟**が試されます。

人は器量以上のお金を持つことができません。宝くじの当選金や臨時収入が身につかないのも、そうした理由があるからです。

だから、まずは忍耐力を養いながら、大金を持てるだけの器量も育てていく必要があるのです。

〝忍耐〟の次には〝知恵〟が問われる

「収入の1割を財布に残していく」といっても、財布には大きさの限度がありま す。いずれは入りきらなくなるよね。

それで「入りきらなくなったときにどうするんですか?」というと、次に必要なのが〝知恵〟なんです。お金を貯めるためには〝忍耐〟が必要ですが、今度はその貯めたお金を減らさずに、増やしていくための〝知恵〟が必要になります。

お金がなければ「落とさない」「なくさない」「盗られない」の〝3ない〟で、落とす、なくす、盗られるという3つの心配が必要ありません。でもお金を持っていれば必ず、その知恵を試される場面がやってきます。

まずはうまい話に引っかかったり、騙《だま》されたりしないようにしないといけません。お金を持つと、必ずそのお金を狙う人が現れます。そもそも、うまい話に引っかかったり、騙されたりすること自体が知恵のない証拠なんです。

たとえば、「高金利でなおかつ、安全有利な投資先があります」っていう話が来たとします。でもその話がほんとうなら、あなたより先に大手の銀行が投資しているはずです。でも実際にそうでないのは、安全有利じゃないから銀行が投資しないだけのことだよね。

あなたに来る「うまい話」って、相手にとっての「うまい話」なことがほとんどです。相手にとってうまい話だからこそ、わざわざあなたのところまで会いにきたの。

「うまい話」に騙されないようにするのと同時に、相手に必要以上にのせられないように注意しないといけません。

たとえば、証券会社や投資会社は積極的に売り買いを勧めてきます。なぜなら、売り買いをすればそこで手数料が発生するので、自分たちが儲かるからなんだよ。

だから「今が売り時ですよ」とか「絶好の買い時ですよ」という〝売り文句〟や〝買い文句〟にいちいちのせられることなく、自分でちゃんと〝売り時〟と〝買い時〟を判断できるだけの知恵を持ちましょう。

他人に任せると、せっかくの学ぶ機会を失う

お金は〝増やすこと〟も大事ですが、まずは〝**減らさない**〟ことが重要です。

株を買うなら未上場の会社の株より、上場している会社のほうが実績や信用があります。上場している会社って滅多に潰れません。それだけたくさんの基準や審査を通って上場していますし、継続して取引されているのには、そのために必要な信用があるからこそなんです。

それに上場しているということは、株式市場が開いているときはいつでも売り

買いができます。つまり、必要に応じていつでも現金に換えることができるのです。これが未上場の会社の株の場合ならそうはいきません。

株式市場にしろ、為替や先物市場にしても、自分の投資したお金を減らさないためには知識が必要になります。

そうすると経済や国際情勢など、さまざまなことに興味が向きますし、学ぶことも増えます。そうやって私たちは投資を通して、さらなる学びの機会を得ることになるのです。

それで、もし1000円で買った株が500円になったとしても、その株を売らない限り損はしません。だいたい下がったものは上がるし、上がったものは下がります。そのタイミングを判断するのも知恵なんです。

中には「私の株は、いつ上がりますか？」って聞きに来る人がいるんだけど、それはあなたがその株を売ったときです。それで「いつ、下がりますか？」っていうと、あなたが買ったときなんです。なぜかというと、あなたが素人だから。

素人はいい情報が流れた株を買います。でも、素人のあなたのところに情報が流れてきたときにはもう、その株は上がっていることがほとんど。

だから、株式投資をするのなら最初から値上がりを期待して買うんじゃなく、まずは値下がりしそうにない株を買うの。そうやっていると、だんだんいろいろなことがわかってきて、知恵もついて、腕も上がって、値上がりする株がわかってくるんだよね。

金額が安い株の会社は、業績が悪いから安いんです。でも、その会社の人たちは何とか業績を上げようとがんばっています。そして、業績が上がれば株価も上がります。つまり、業績が悪い会社に「がんばれ！」って応援する気持ちで株を買わないとダメなんだよ。

さらに言えば、月に2万円を株に投資するなら**「月に2万円出して世の中のことを学んでるんだ」**っていうぐらいの気持ちでいたほうがいいよね。

よく投資ファンドや投資会社にお金の運用をすべて任せる人がいますが、私はあまりお勧めしません。なぜかというと、会社に運用をすべて任せてしまうと自分の知恵がつかないからね。

もちろん、その会社が信頼できて、実績もあるのなら任せてもいいでしょう。でも、まずは自分で学んで、自分で判断して、知恵をつけることが大切です。

それと、「株の話」をしたのは、あくまでも知恵をつけるための〝たとえ話〟です。みなさんに株取引を勧めているわけではありません。だから、もしあなたが株をするのなら、そのときは必ず自己責任でやってくださいね。

あなたは魅力的な投資先ですか？

投資の話をすると「一人さんはどんな株を買うんですか？」って聞かれるんだ

けど、私は今まで一度も株を買ったことがありません。

私は、よその会社に投資するんじゃなく、**自分に投資**しています。私自身が一番、安全で有利で確実な投資先だと思っているんです。

この本を読んでいる方の中にも、「これから独立したい」と思っている人がいると思います。会社を辞めて独立するっていうことは、自分に投資するっていうことだよね。

そこで一つ、考えてほしいことがあります。

あなたが投資先を選ぶとき、事業の知識の少ないところに投資しますか？　さらに、知識も経験も少ないのに〝勉強もしようとしない〟ところに投資しますか？「会社に行くのがイヤだから、自分で会社を作ります」という人に投資しますか？

つまり、自分が独立するんだったら、周りから見てあなた自身が**「魅力ある投資先だろうか？」**ということを考えたほうがいいよね。

サラリーマンでも同じことが言えます。

会社は、優秀な人にはヘッドハンターに余分なお金を出してでも来てほしいものです。どれだけ不況になっても、できる社員を会社はめったにクビにしませんし、たとえ会社が倒産しても、魅力的な人は引く手あまたです。

だからサラリーマンでも「自分は魅力的な投資先だろうか？」と考えるのはとても重要だし、独立するならなおのこと大切だよね。

「知恵と忍耐」で器量を増やす

とにかく、入ってきたお金から1割を貯める。その貯めたお金を減らさないようにして、働かせることを考える。定期預金だって、金利はわずかだけど、あなたが稼いだお金を働かせていることになるよね。

普通預金だって、あなたは銀行に対してお金を貸しているのであって、そう思うことで心や発想を豊かに持つことだってできる。

今は少額でも株式投資できる制度があるから、そういうのを使ってとにかく入ってきたお金の10分の1を減らさず、増やすことに使いましょう。

最初は少額でも、お金って貯まってくると**「加速の法則」**が働いて、さらに貯まるようになってきます。


先日、ある人がこの話を聞いて「自分だけでも始めよう」と思って、月の3万円のお小遣いのうち、3000円を貯めるようにしたそうです。

するとそれ以来、なぜかいいことが起こり出したの。

これってつまり、**体質**が変わったんだよね。

その人は「あれば全部使っちゃう体質」から「お金が貯まる体質」に変わりました。この方法なら、公務員でもお金持ちになれますし、パートの人でもお金持ちになれるの。逆に、商売をやっている人でも社長でも、「お金を貯めよう」と思わない限り貯まらないのが法則なんだよね。

毎月100万円を稼ぐ人でも、毎月100万円使っていたらお金は残りません。

「たくさんお金を稼いだらお金持ちになれる」と思いがちだけど、そうじゃないんです。

結局、お金持ちになるには〝**器量**〟が必要です。

宝くじの高額当選者でお金持ちになった人が少ない、またはほとんどいないのは、器量もないままお金を持つからだよね。器量もないのにお金を持つと、〝一時的なお金持ち〟にはなれますが、結局はお金を持ち続けることができなくなります。

たくさん稼ぐ人もお金を持つための器量がないと、お金があっても〝お金に困る〟結果を招いてしまいます。

では、「その器量って何ですか？」っていうと、**「知恵と忍耐」**なんだよね。

お金持ちになるためにはお金を稼ぐことも大事だけど、お金を持てるだけの器量を養うことも大切なんだよ。それはどうやって養うかというと、まずはあっても使わない〝忍耐力〟をつけ、その次に貯まったお金を減らさずに増やす〝知恵〟をつければいいんです。

お金を通して「知恵と忍耐」を学んでいると「試練と困難」が減る

あらかじめお金のことで「知恵と忍耐」を養っておくと、「試練と困難」が減ってきます。

なぜかというと、結局、私たちは「知恵と忍耐」を学ぶためにこの世に生まれてきているからです。だから、積極的に学んでいれば、それを無理やり学ぶ必要がなくなるの。

でも、自分から「知恵と忍耐」を学ぶことを怠っていると、「試練と困難」という形で現れて、無理やり学ばせられることになるんだよね。

授業でやり切れなかったことが宿題で出るのと一緒で、しっかりと予習をしておけば、授業だけで理解できるうえに勉強もはかどります。でも、予習もせず、さらに授業をサボっているとテストの結果が悪くなって、その結果、落第になるか追試を受けさせられることになります。

それと同じで、お金を通して積極的に「知恵と忍耐」を学んでいれば、無理やり「試練と困難」が出てきて学ぶ必要がなくなるわけです。

神が望むことは**「私たちに〝知恵〟と〝忍耐〟を持たせたい」**ということです。だから私はお金を儲けるのでも「どうすれば儲かるか」を考えるよりも**「どうすれば知恵と忍耐が養われるか」**を考えます。

なぜなら「知恵と忍耐が養われることをしていれば、神が味方してくれるんだ」っていうのが一人さんの理論なの。

神は私たちにお金を求める〝欲〟をつけてくれました。その欲があるからこそ、私たちは積極的に「知恵と忍耐」を学ぼうとします。

結局、欲も神様がくれた愛なんだよね。

神が味方してくれる〝当たり前〟がいい

すごい商品を開発したり、うまく商売を継続させたりして多くの人から尊敬される経営者って「素晴らしい！」と思うかもしれないけれど、先にも言った通り、そういう人は、前世で何世代にもわたたって努力を積み重ねてきた人が多いもの。

だから、これからお金持ちになりたいんだとしたら、まずは当たり前のことから始めていくしかないの。それで、その当たり前も**「神が味方してくれるような当たり前」**がいいんです。

つまり、「知恵と忍耐」からお金儲けを学ぶようにするんです。

知恵と忍耐が優れてくると、チャンスはいくらでも出てきます。経営に失敗するのも、それに必要な「知恵と忍耐」がまだ身についてないからなんだよね。

だから最初に、それを学ぶの。

サラリーマンにはサラリーマンに必要な「知恵と忍耐」があって、経営者には経営者に必要な「知恵と忍耐」があります。まずはそれを学ぶのです。それで、学んだ知恵と忍耐によって入ってくるものも違ってくるの。要は、実力に見合った分だけ入ってくるようになるんです。

人に知恵を聞くときは「誰に聞くか」が重要

〝知恵〟ってさまざまな方法で増やすことができます。

たとえば本を読む。本には先人の知恵がたくさん詰まっています。人1人が一生で経験できることには限りがあるけど、本を読めばいろいろな人の経験をいつでも、どこでも共有することができるよね。

また、人に聞くのも知恵です。ただ、聞くときに**「誰に聞きに行くか」**が重要です。たとえば、魚の知恵を八百屋に聞きに行くのは間違いだってわかるよね。もしあなたが独立して会社を興したいのなら、会社を興してうまくいっている人に聞かないとダメなんだよ。

それを同じサラリーマンの友達に相談したり、奥さんに相談して「反対された」っていう人がいるけど、それは相談する相手が間違っているんだよね。

知恵っていうのは、その道のプロに聞かないといけません。

それで、「聞いたけど教えてくれなかった」とか「よくわからなかった」っていう人がいるけど、それは聞くほうの問題の場合がほとんどです。相手が話したいと思う聞き方をしないといけないし、うまく聞き出す技術も必要でしょう。

それと、「もっともだ」と思うことが、実は「もっとも」じゃないこともあります。経営コンサルタントの言うことに「もっともだ」と思っても、経営コンサルタントって相手が「もっともだ」と思わせるのがうまい場合もある。その人が事業で成功した経験があるとは限りません。

逆に「**笑顔でいると成功するよ**」とか、「**ありがとうの気持ちが大切だよ**」とか、経営コンサルタントが言わないことで成功することもたくさんあるものです。

経営コンサルタントって、人を納得させるのはうまいけど、必ずしも成功経験やノウハウを持っているわけじゃないからね。もしほんとうにそんなノウハウを持っていたら、自分自身で事業をやって成功しているよね。

競艇とか競馬の予想屋と同じで、ほんとうに当たるのなら自分で買うでしょう。予想を売るより、自分で買って当てたほうが絶対に儲かるはずです。

こんなことを言うと経営コンサルタントの人に怒られるかもしれないけど、私は絶対に経営コンサルタントにはなりません。だって、人に教えるよりも自分でやって儲けたほうが早いし、確実だし、たくさん儲かるからです。

それと、ほんとうにいい話って、やっぱりこちらから聞きに行くものですし、頭を下げて聞くものなの。ところが、向こうから来るのは「向こうに都合がいいこと」だからだよ。そんな簡単なことがわかるのも知恵の一つなんだよね。

神様は**「知恵をつけなさい」**って言ってるの。

そして、ほんとうに知恵のある人は、自分が得することばっかり考えていません。自分もいいけど、相手にもいいことが**「ほんとうにいいこと」**なんです。

他人ばっかり良くて、自分に良くないことは続きません。それに、自分にばっかりいいことを考えていたら、その人は嫌われるだけです。

知識とは勇気で光るもの

「私は自信がないんです」っていう人に、一人さんはよく**「自信がなくても自信があるような顔をしてやりな」**って言うことにしています。なぜなら自信がない顔をしてやっていると、相手を不安な気持ちにさせるからです。

それで「自信がない」っていうのも〝謙虚〟なのはいいんです。そういう人は自信がないからもっと勉強しようとか、もっと努力しようとか思うんだよね。

自信があって「もう大丈夫」と思って努力を怠る人は、そこから成長しなくなってしまいます。だから、「謙虚な気持ちでいる」とか、「もっと成長するぞ」っていうのはいいんだよね。

中には、「自信がないから勉強する」という人もいます。ただ、いくら勉強だけをしても、身につくのは〝知識〟だけなんだよね。いくら頭で勉強をしてもほんとうの自信はつきません。勇気を持って実際にやってみないと自信ってつかないんだよね。

一人さんは**「知識は勇気で光る」**って言っているの。どんなに素晴らしい知識でも、勇気を持って行動に移したとき、初めてその価値が発揮されるからね。

この地球という星は**「行動の星」**です。行動しない限りダメなの。

だから、人に何かモノを教えるときに自信がなくても自信がある顔をしていればいい。それで、100人ぐらいに話していると、自信もついてくるからね。

それを「自信はないんですけど……」なんて言いながら話すのは、相手に失礼ですし、信用もされません。

あとは経験です。どれだけ水泳の本を読んでも泳げるようにはならないのと一緒だから。

知識がいっぱいあるのに出世しない人って、度胸がないの。だからそういう人は、その知識を活かすための勇気が必要なんだよね。

でも、「勇気がないのがダメ」なんじゃなくて、勇気がない人でもお金持ちにはなれます。入ってきたお金の1割でも貯めていると、お金って貯まるんです。

ただ、商売とかしようと思うのなら、勇気が必要になってくるんだよ。

「居酒屋を経営したい」っていうのでも、どれだけ居酒屋を研究したって居酒屋はできないんだよね。お店を開いて、やりながら学んでいくしかないの。

それに、山ほどある知識の中で、ほんとうに使える知識ってそんなに多くはありません。それを見極めるために必要なのが勇気であり、行動なんです。

勇気を持って行動したとき、初めて「ただの知識」が**「使える知恵」**に変わるんだよね。

【第2の法則】

「なぜかお金が入ってこない人」は心のどこかでお金を嫌っている

みんなお金は好きだけど
お金に好かれないとダメだからね
いくらこっちがお金が好きでも
お金がこっちを好きじゃなければ寄ってこないよね

紙幣の数に限りはあっても、お金の価値には限りがない

「お金持ちになれない人」または「なぜかお金が入ってこない人」には一つの特徴があります。それは**心のどこかでお金のことを嫌っているか、お金の本質を理解していない**、ということです。

これにはさまざまな理由や原因がありますが、まずはお金の本質を知る必要があります。それは、**「お金は限りなくある」**ということです。

たとえば「お金持ちになるためには限られた〝パイ〟を奪い合わないといけない」と思っている人がいます。でもこれは大きな間違いです。

私が生まれ育った東京の新小岩の土地の値段って1坪100万円以上するけれど、昔、私が小学生ぐらいのときには1万円ほどでした。ということは、昔と比べればパイは100倍になったことになります。

さらにその土地に建物が建てば土地の価値は上がりますし、周りにも建物が建って人口が増えて町が栄えると、さらにその土地の値段は上がります。

だからやっぱり、お金を儲《もう》けるのって、奪い合うことじゃなく、価値が上がればそれだけ豊かになれるんだよってこと。際限はありません。

「自分のところにお金が入ってこない」のはパイが小さいんじゃなくて、あなたの**「知恵と忍耐」**が足りないだけなんです。

日本が発行している紙幣の数には限度がありますが、その価値に限度はありません。それに、お金というのは流通している限り価値は際限なくあるのと同じなんだよね。

たとえば、こういう言い方もできます。私は生活するのにも、事業をするのにも困らないくらいのお金を持っています。だからといってそれを持ち歩いているわけではなく、銀行に預けています。銀行はそのお金を誰かに貸します。すると、そのお金は設備投資に使われたり、商品開発に使われたりして、新たな価値を生み出します。

新たな価値が生み出されれば、そこに新たな消費が生まれて、そこから新たな雇用が生まれて、ふたたびまた新たな消費が生み出される……といった具合に、限りなくお金は循環するわけです。

あなたがどれだけ川の水を飲んでも、その川の水がなくならないのと同じぐらい、あなたが手にすることができるお金は誰かと奪い合わなくてもたくさんあるものなのです。

お金持ちになりたかったら〝お金がある人〟に聞け

景気の良いときは、みんなのところにお金が行きわたります。それで、景気が悪くなってもお金がなくなるわけじゃないから、**〝お金がある人〟**のところにはあります。その「ある人」っていうのがお金持ちなんです。

お金持ちになる人っていうのは**「お金持ちになる方法」**を知っています。だから、お金持ちになりたかったら、その人に教わればいいんだよね。

ところが日本って、お金持ちを悪人みたいに言うところがあります。

でも実際、ほんとうに知恵のある人は悪いことをしません。

〝知能犯〟っていうけれど、あれはおかしな言葉で、ほんとうに知恵のある人は犯罪がどれだけ割に合わないかを知っています。だから知能犯といったところで、行き当たりばったりで強盗するような人に比べると知恵があるほうかもしれませんが、ほんとうの意味での知恵はないよね。

だって、犯罪者でビルを建てた人なんかいないでしょう。犯罪で真のお金持ちになった人がいないのに、お金持ちになりたくて罪を犯すのは間違いなんだよね。

税金をごまかさずに払うのも、社会にはルールというのがあるからです。私たちはこの日本で暮らしているんだから、日本のルールを守らないとダメなの。

サッカーには「手を使っちゃダメ」っていうルールがあります。それを、手を使って反則して勝てるかっていうと無理だよね。

だから、ルールを守りながらどうやって勝つかが大切ですし、それが面白いの。だってルールもなく、守る人もいないゴールに、いくらでもボールを蹴っていいって言われてても、そんなの見てる側もやっている側も面白くないよね。

ルールを守って、みんなに喜ばれるような経営をする。それこそが神が望む、**「神的経営」**なのね。ルールを守りながら知恵を出していくほうが絶対に得なんです。

それを、ごまかすほうが得だと思うのは幼稚なんだよ。

税金をごまかす人がいるけれど、税務署は「税金のごまかし」を見破るプロなんです。プロの目を逃れるほど巧妙に税金をごまかすには大変な苦労が必要なんだよね。同じ苦労をするなら、自分の得意なことや儲けることに力を使ったほうがいいよね。

お金を貯《た》められないのは考えが未熟な証拠

お金持ちになれない理由って単純なんです。

たとえば、あなたが「イタリア料理のコックになりたい」とします。10年くらいイタリア料理のお店で修業をしていると、大体の料理は作れるようになれますよね。また、たとえば板金屋になるのでも、10年くらい板金の仕事をやっていたらできるようになります。

それと同じです。

「お金持ちになれない人」って**「お金持ちになるための努力」**をしていないの。

お金持ちになる努力をしようと思えば誰にでもできます。コックの修業をしながらでも、入ってきたお金のうち1割を貯めて、そのお金を減らさずに増やしていけば、必ず「お金持ちのコック」になれるよね。

お金を貯められない人って、考えが未熟なんです。それで、未熟な人に限って1本50万円もするワインを飲みたがるんだよね。さらに言うと、そういう人に限って出されたワインが1本50万円のものなのか、1本1000円のものなのか見分けがつかないことが多いの。

それと、考えが未熟な人って、遊ぶのでも「お金をかければ楽しめる」と思っているところがあります。

『銀座まるかん』では、よく余興大会を開きますが、参加費は1人たったの1000円。出る人も見る人も互いに1000円を払って、1日がすごく楽しいんだよね。

「お金を多く出さなきゃ遊べない」とか、「楽しめない」っていう人は知恵がないんだよ。「お金=楽しいこと」ではありません。お金を出さなきゃ遊べない人って、お金に遊んでもらっているのと一緒です。

それで、お金を使わずに遊んだり、楽しんだりするのも知恵なんだよね。

「仕事が嫌い」はお金を敵に回しているのと一緒

仕事というのは金儲けなんです。それは誰でも同じなの。

おまわりさんだって金儲けです。だって、おまわりさんもお金を儲けないと生活ができませんし、当然、ほしいものもあるよね。ただ目的は金儲けでも、その手段は「治安維持」であったり、「泥棒を捕まえること」だったりなんだよ。

ストリッパーの人も目的は金儲けです。そしてそのお金を得る手段が「裸になること」なの。趣味で裸になる人は、ただの〝変態〟だから（笑）。

どんな仕事でも、**目的はお金儲け**なの。だから、仕事が嫌いでお金だけ好きっていうのはおかしいんだよね。

サラリーマンは、会社に仕事をしに行っているというよりも、会社にお金儲けに行っているんだよね。1か月間、時間と労力を会社に売って、それで1か月分の給料をもらっています。

だからサラリーマンでもなんでも、「仕事が嫌いだ」っていう人は、お金を敵に回しているのと一緒なんです。

「嫌いだ、嫌いだ」って言っていると、相手だっていい気はしませんし、言われたほうも言った相手を嫌うんだよね。

お金って仕事をするから入ってくるものです。その仕事に嫌われたら、お金は入ってこなくなります。仕事が大変なのはわかるけど、だからといって仕事を嫌っているとお金にも嫌われてしまいますからね。

だから仕事が辛《つら》くても、どんなに大変でも、まずは**「仕事が大好きです」**って口に出して言ってみるんです。

私は以前、「一人さんは何が好きですか?」って聞かれたら「お金と女性と旅」って答えていました(笑)。でも最近は「仕事が一番好きです。その次に好きなのが女性と旅かな」って答えるようにしています。

あなたも、実際は釣りや旅行が一番好きでも、まずは**「仕事が一番好きです」**って言ってごらん。だって、釣りに行けるのも、旅行に行けるのも、仕事があって報酬がもらえるからだよね。

だからとにかく、人に「何が好きですか？」と聞かれたら**「仕事が一番好きです」**って答えて、聞かれなくても自分で**「仕事が一番好きです」**って口に出して言っていればいいんです。そうすれば仕事からも好かれ、だんだんこちらも仕事が好きになって、お金からも好かれるようになるからね。

お金の流れを止めちゃダメだよ

お金持ちになるためには、まず**〝お金の流れ〟**を作らないとダメなんです。

宝くじの当選者で、お金持ちになった人が少ない、またはほとんどいないように、お金は知恵がないと出て行くだけになるからね。

たとえて言うなら、どんなに大きなため池を作っても、ほうっておけばいずれはそのため池は干上がってしまいます。でも川の流れを変えてそこに池を作れば、干上がることはないんだよね。

私はお弟子さんたちに時計や車をプレゼントしたことはありません。でもお弟子さんたちは自分のお金で高級時計や高級車を買えるんです。それができるのも、私が「買えるためのお金をあげた」んじゃなくて、**「買えるだけの知恵をあげた」**結果なんだよね。

「お金の流れ」を作るためには、働いていない人ならまず働くことから始めます。それで働くと給料や報酬がもらえます。これで「お金の流れ」ができたことになります。

そのお金の中から1割貯めるというのは、その流れにダムを作るようなもので、いずれたくさんのお金が貯まるようになる始まりだからね。

ダメな人って、すぐに仕事を辞めたがります。仕事を辞めるとお金の流れが止まるんです。流れが止まれば、やがてダムの水もなくなってしまうでしょう。

ダムだけ作っても水は溜《た》まりません。それと一緒で、仕事というお金の流れを止めれば、いずれお金はなくなります。だから、元気で働けるうちは仕事をしたほうがお金も貯まるし、絶対に楽しいからね。

「宵越しの金は持たない」と貧乏のまま死ぬことになる

昔は「宵越しの金は持たない」のが粋だったり、美徳とされたりしてきたけれど、今じゃそれはただの〝浪費家〟のことでしょう（笑）。

江戸時代のように、お金の流通が発達していない頃なら確かにそれも理にかなったことでした。

昔はお金の流通の規模が小さく量も少なかったので、誰かが貯め込むとその分、誰かのところに行かなくなります。でも、誰もが貯めずに使っていれば、お金はぐるぐると回って世の中全体の景気までが良くなるものです。

でも流通の規模もしくみも大きく変わった現代で、「宵越しの金は持たないのが粋だ」なんて言ってたら金銭感覚を疑われてしまいますよ。


また、「あの世にお金は持っていけない」とも言います。確かにそうでしょう。しかし、だからといって貯金もせずに入ってきたお金を全部使っていたら、病気や、もし必要になったときに困ってしまいます。

私もよく「そんなにお金を貯めてどうするんですか？」って聞かれるんだけど、そんなのは大きなお世話だよね。私が死んだらそのお金は相続税とかで国のために使われるでしょう。

それに、「死んだらあの世にお金は持っていけない」なんて、**〝威勢の悪いこと〟**を言ってちゃダメなの。お金を持ったまま死ねたら、その人は〝お金持ちのまま〟死ねたんだよね。

それが「あの世に持っていけないから」と言って使っていたら、それでなくても老後ってお金がかかるのに、心配しながら死んでいかないといけなくなっちゃうよ。一銭もなく貧乏で最期を迎えるのと、お金がいっぱいあるお金持ちで死ぬのとでは、人生のフィナーレが全然違います。

だから「宵越しの金は持たないのが粋」とか「死んだらお金は持っていけない」といった昔の価値観に惑わされず、生きてるうちはしっかりとお金を稼ぎ、貯めることを考えましょう。

それが結局、自分にも周りにもいいことになるからね。

「お金がないこと」を正当化してはいけない

よく世間では「貧富の差をなくせ」って言うんだけど、私はこの話を聞くと、いつも思うことがあります。

それなら学校でも「いい点数を取ったら、悪い子に点数を分けてあげればいい」ってどうして言わないんだろうね。

お金持ちの人は、そのための努力をしたからお金持ちになれたの。

それなのに「お金持ちは悪だ」みたいなことを言うのはおかしいんだよ。

豊かな人がいないと助ける人がいなくなってしまいます。だから困っている人を助けるためには、1人でも多く豊かな人間を増やす。1人でも多くお金に困っている人間を減らす。これが大事だと一人さんは思っています。

先の「宵越しの金は持たないのが粋だ」もそうだけど、「お金がないこと」を正当化してたら絶対にお金持ちにはなれません。

「お金があっても、体が健康じゃないと何もならない」っていうけれど、お金があったほうが健康的に暮らせるんだよね。

それに、おおよそ、お金があって困ることってありません。

「お金よりも友情が大事だ」っていうのも、お金も友情も共に大事な存在だよね。だから、お金も友情も共に大切にすればいいの。

そろそろ、お金と何かを比べて「お金を持ってない言い訳」にするのはやめましょう。神は私たちに**「豊かになること」**を求めています。だから、私たちは「お金があったほうがいい」ようにできているんです。

お金は決して「汚いもの」ではありません。一部の「汚い使い方をする人」がいるだけです。**お金は神が作ってくれた最高の知恵**なんです。

忍耐があれば欲も活《い》きる

お金のことを悪く思ってはダメなのと一緒で、「欲」も人間にとって、とても大切なものなんです。

人は欲があるからこそ「お金持ちになりたい」って思うんだよね。

その欲のおかげで人は働くし、それが経済の発展にもつながります。

大切なのは、**「その欲とどう付き合っていくか」**なんだと思います。

たとえば貯金ができない人って「欲とうまく付き合えていない」証拠です。

そういう人に限って「収入が増えたら貯金も増える」って言うけど、貯金は**貯めようと思わない限り貯まらない**んだよね。なぜかというと、収入が増えると欲望も一緒に増えるからです。

月に30万円の収入の人が毎月3万円の赤字を出すとしたら、その人の収入が

60万円になれば27万円の黒字になるかというと、赤字も倍になって6万円のマイナスになるものです。そういう体質なんですね。

だから、神が言いたいのは**「欲望を抑える忍耐を持ちなさい」**っていうことなの。欲望と忍耐は、車のアクセルとブレーキに似ています。アクセルがないと車は走らないけれど、ブレーキがないと止まることができません。

それと同じで、人間には欲があるから努力もするんだよね。ただ、人間の欲には際限がないから、適切なところで欲を制御する忍耐力がないと事故につながるでしょう。

欲も忍耐も、共に神が人間に求めているものです。だから否定するんじゃなくて、**認めて活かすこと**を考えたほうがいいよね。

とにかく、神はみんなを豊かにしたいからね。

だからこそ欲を神様がつけてくれたの。

猿と人間が違うのは、猿は雨が降るから屋根を作ろうとか、風を避けるために壁を作ろうとか、光を入れるために窓を作ろうとかなんて思いません。人間だけが際限なく欲求を叶《かな》えるために努力をするんだよね。

人間って、全員が豊かになりたいって思っているんです。ということは、全員が豊かになれるし、ならなきゃいけないの。

神が望んでるのは、みんなが豊かに、幸せに生きることなんだよ。そのために欲はあるのです。

お金は大切にしてくれる人のところに集まる

お金は大切にしてくれる人のところに集まります。ちゃんと自分たちのことをわかってくれている人のことをお金は好むんです。

みんなお金は好きだけど、お金に好かれないとダメだからね。

そのためにも、もっとお金のことを知らないといけません。いくらこっちがお金が好きでも、お金がこっちを好きじゃなければ寄ってこないよね。

お金が一方的に好きな人と、お金に好かれる人って違うんです。

ストーカーだって愛なんだけど、相手はイヤがっているんだよ（笑）。

お金を単なる物や価値との交換手段だと思っている人って、たとえが悪いかもしれないけど、男の人で女をセックスの対象としか思ってない人と一緒だよね。

お金って使わないと意味がないって言う人もいます。そういう人は、もし1億円を持っていて、使わないで死んだら意味がないと思うかもしれません。でも、1億円を持った人は、豊かなまま死ぬことができるよね。

それに、**お金を持っていると発想が豊かになります**。逆に「貧すれば鈍する」と言って、貧しいと頭もちゃんと働かなくなるの。

なぜ頭が働かなくなるかというと、脳は一度に一つのことしか考えられないから。悲しいことを考えているときは楽しいことは考えられないし、楽しいことを考えているときは悲しいことが考えられないんだよね。

それと同じで、お金に苦しんでいるときは、苦しいことしか考えられなくなって、豊かな発想もできなくなるんだよね。

1000万円を持っていても、月に100万円使う人は、10か月分にしかなりません。100万円を持っている人が1日に換算して1万円使うとすると、100日分のお金を持っていることになって、今働いてるのは101日目の分となります。

300万円持っている人なら301日目の分になるし、この日にちが多ければ多いほど豊かな発想が生まれるでしょう。

逆に貯金がなくてその日暮らしの人は、その日のことしか考えられなくなるから、どうしても発想が貧しくなっちゃうんだよね。

お金がすべてじゃないけれど……

お金っていうのは多方面に知恵が必要だし、そのことがわかっていないとうまくいきません。それに、お金はすごく大切だけど、だからといって「カネ、カネ」って何かにつけてお金のことばっかり言っていると、人から嫌われますし、失敗します。

人生にはお金も大切だけど、友情とか恋愛とか、子どもとか仲間とか、大切なことってたくさんあるよね。そのような大切なことに囲まれているからこそ、ステキな人生が送れるわけです。

人生を車にたとえるなら、お金ってガソリンなんです。車を走らせるためにガソリンは必要だけど、だからといって「ハンドルはいらない」とか「タイヤはいらない」とはならないよね。

それで、車って走っていたらどんどんガソリンが減ります。それと一緒で、私たちは毎日、栄養を補給するために食事を摂《と》らないといけません。

それに、私たちは神が決めた摂理で、歳《とし》をとるようにできています。

若いときって女性なら肌にツヤがあって、ほうっておいてもキレイです。それが歳をとるにつれてシワが出てきたり、シミが出てきたりして、キレイでいるためにはお金がかかるようにもなります。

男性もそうです。若いときは多少無理をしてでも働けたのに、だんだんその無理がきかなくなってくる。それで歳をとると病気なんかもして、そこにかかる金額が多くなるようになっているんです。

お金が人生のすべてじゃないけれど、お金があることで、人生の旅路をより安心で豊かなものにすることができるんだよね。

お金は〝受け取る準備〟をしていないと入ってこない

なぜかお金が入ってきにくいとか、お金に縁がうすい人がいます。

そういう人の特徴は**「お金を受け取る準備ができていない」**ことが多いの。

そう言うと「そんなことはない。私はお金が大好きだし、いつでもお金を受け取る準備はできている」って言われるんだけど、そういう人に限ってお金に対するいろんな偏見を持っているものです。

先にも書いた「お金は限られたパイを奪い合わないと手に入らない」っていうのもそうだし、まるで時代劇に出てくるような〝越後屋《えちご》〟のイメージで、「お金持ちは何か悪いことをして稼いでいるに違いない」っていうのもあります。

さらに、〝楽をしてお金を得た人〟に対して「ずるい」とか、妬んだりするのもよくありません。

たとえば、親に家や車を買ってもらった人や、遺産を相続してお金持ちになった人のことを羨んだり、妬んだりしていると「楽してモノやお金をもらうことは悪いことだ」と天に向かって言っているのと同じです。

その結果、自分には「楽してお金が入ってくる」という幸運は起きませんし、それがお金に対する偏見にもつながって、お金を受け取れなくさせてしまいます。

では、どうすれば、こうした〝お金に対する偏見〟をなくして、自分自身もお金を受け取れる準備ができるのか？　それは、こう言えばいいんです。

「良かったね」

知り合いで昇進した人や、臨時収入があった人に対して「良かったね」って言ってると、自分にも同じような幸運が訪れます。

他人の幸運に対して心から「良かったね」と言い、さらに他人の幸せを願うようになると、**「私も同じ幸運を受け取る準備ができていますよ」**と天に向かって言っているのと同じことになるのです。

人の幸運を羨んだり妬んだりしていると、心が貧しくなります。すると、貧しい波動が出て、貧しくなる出来事を引き寄せてしまうでしょう。

反対に、人の幸運を願っていると心が豊かになります。豊かな心は豊かな波動を出し、同じ豊かな現象を引き寄せるの。

だから、お金を受け取るためには「お金に対する偏見」をなくし、他人の幸せを願う。豊かになるためにはまず、**自分の心を豊かにすること**が大切なんだよ。

【第3の法則】

目の前の問題を解決すると豊かになれる

人は「常」じゃないことから学びます
だから、必ず「常」じゃないことが起きるんです
どんなことが起きるかはわかりません
でも、その人にとって一番学びになる
〝常じゃないこと〟が起きるようにできているのです

その問題はあなたに必要だから起きている

私はよく「**困ったことは起きないよ**」って言うんです。

なぜかというと、「困ったこと」というのは決して神様があなたを「困らせよう」として起こしてるんじゃなく、その問題を解決してあなたを「**成長させよう**」と考えているからこそ起こすんだよね。

たとえば、「お金を持っていると不安になる」んだとしたら、その人は「**不安を解消する**」という修業に入ったことになるの。

「大金を持っていると襲われないか不安です」って言う人もいるけれど、治安の良い日本でそんな頻繁に強盗事件は起きません。それに、もし襲われたとしても、人は寿命が来ない限り死なないようにできています。

そして、問題は悩むためにあるんじゃなくて、**解決するためにある**ものなんだよね。お金がなくて困っている人は「お金を持つ」というのが修業なの。それで、今度はお金が持てて不安なら、次は「お金を持っても不安にならない」という修業がやってくるんだよ。

だって、お金持ち全員が不安なわけではありませんし、世の中にはお金がなくて不安になる人のほうが多いものなの。

子どもたちが遺産争いをしないかどうかが不安なら、遺言書を書くとか、生前贈与をするとか、とにかくどんな問題にも解決策はあるからね。

たとえば、あなたが1万人に1人の病気になったとします。一見、それは大変なことだけど、1万人に1人ということは、日本の人口が1億人以上だから、約1万人以上の人がその病気にかかっていることになります。

そうするとね、その1万人の中に必ず、病気の症状が良くなったり、場合によっては治ったりした人がいるものなの。

今はインターネットがあるから、そういう情報も簡単に調べることができるよね。それで、症状が良くなったり、治ったりした人が、どのようなことをしてそうなったかを調べてわかったら、それを実践してみるんです。

もし医者が「1万人に1人の病気だから治せない」と言っても、それはその医者には治せないだけの話で、必ず〝抜け道〟みたいなのがあるはず。とにかく詳しい人間に聞くことが大切です。

お金持ちになりたいのなら、お金持ちになった人に話を聞かないとダメなのと同じで、病気を治したいのなら、その病気を治した人に聞かないとダメなんだよね。

問題は常に起こります。それはあなたにとって必要だから起こるの。成長するためには必要だから起こるのです。

私たちは〝無常〟から学ぶようにできている

「商売をやっていればお金を借りるのは当たり前だ」っていう人がいるんだけど、確かに「お金を借りたほうが得な時期」というのはあります。

たとえば、金利よりも物価の上昇のほうが高いときなら、お金を借りて土地を買って転売すれば、値上がった土地の値段が金利や手数料を差し引いてもまだ余ることもあるからね。

でも、そんな時代でも「儲《もう》ける人」と「儲けられない人」がいたの。

それで、常に神は人間に「知恵と忍耐」を学ばせようとするから、同じことで儲けられないようにするんです。

私たちは「無常」から学ぶようになっています。

つまり、**〝常〟じゃないことから学ぶようにできている**のです。

昔はお金よりも土地を持っていたほうが価値がありました。ところが、今はお金のほうが価値があります。なぜかというと、バブルのときに1億円していた土地も今は5000万円で買えたりするからです。こういうときは、借金は早く返したほうがいいし、できれば借金しないほうがいいんです。

時代は常に変わります。これは**神の試練**なんです。だから、**「そろそろ神の試練が来るぞ」**って思っていれば大したことはありません。

昔は軍隊でも学校の先生でも、言うことを聞かないと、すぐに「ビンタ（平手打ち）」をしたものですが、今同じことをやると大変なことになります。

でも、これが正しかったときがあったんだよね。

それと同じように、**価値観が変わる時期は必ず来るの**。

「銀行からお金を借りて事業をするのが当たり前で、借金は財産なんだ」とか、「借金できるのは信用があるからだ」って言う人がいますが、銀行はその人をほんとうの意味で信用しているわけではありません。銀行から見たら、いい客だって思っている面だってあるよね。

私が初めて社会に出たときは、ほとんどお金など持っていませんでした。それが今は、豊かな富を得ることができました。

では、どうしてこういうことができたのか？

まず、努力は必要です。でも努力プラス、お金の性質を知る、神の摂理や神が何を望んでいるか、ということも知らないとダメなんです。

〝無常〟を知れば対策が打てる

子を持つ親なら、子どもよりも自分のほうが歳《とし》をとっているから先に死ぬと思いがちですが、子どものほうが先に死ぬことだってあります。世の中で起きていることって「常」じゃないからね。常じゃないことから人は何かを学びます。

バブルのときは「土地さえ持っていれば必ず値上がりするから大丈夫」と思われていたのが、バブルが崩壊して「土地の値段は絶対じゃない」ということがわかりました。

人は「常」じゃないことから学びます。だから、必ず「常」じゃないことが起きるんです。どんなことが起きるかはわかりません。でも、その人にとって一番学びになる〝常じゃないこと〟が起きるようにできているのです。

でも、**「常じゃないことから学ぶようにできているんだ」**ということがわかっていると、起こったときに動揺しませんし、対策も打てます。

よく考えればわかることですが、子どもが親より長生きするって決まっているわけじゃないんです。だから、「1日1日を大切に接しよう」と思えるんだよ。

「私と子どもたちはソウルメイトだから、また会える」

もっと学びを重ねると、そう思えて心も軽くなるんだよね。

常で起こっていることって当たり前のことだから、そこから学ぶことってあまりありません。それより、常じゃないことのほうが学びが多くて深いものなの。

それで何を学ぶかっていうと、やはり「知恵と忍耐」なんです。

たとえば〝逆上がり〟一つ覚えるのでも知恵は必要ですし、練習を続けるためには忍耐も必要なんだよね。それと同じなんだよ。

〝無常〟を知ると時代の兆しが見えてくる

価値や価値観が変わるときって必ず来ます。その**兆し**をどう読むかというと、いつも**「常はないんだ」**と思っていることが大切なの。するといろいろなことが見えてくるでしょう。


人間って「このまま続いてほしい」っていう願望を持っています。

でも、神は人間に成長を求めているから無常を与えるんだよね。

「日本は国土が狭いから、土地の値段は下がらない」と多くの人が信じていました。でも、下がる時代が来たんです。だって、永遠に上がり続けていたら、最後は誰も買えなくなってしまうからね。

だから結局、最後には正しいところにおさまるようになります。

教えでも、昔は小乗仏教が主流で一部の人しか学べなかったのが、大乗仏教が出てきて、みんなが教えを学べるようになりました。

さらに昔は「女性は不浄で、男しか成仏できない」って言われていた時代があったほど。でも、私たちはみんなお母さんから生まれてきたんだよね。それに、男しか成仏できないとしたら天国は男だらけになります。そんなところに私は行きたくないし、そんなところが天国なわけはありません（笑）。

常識も変わります。

昔は結婚前に男女が同棲《どうせい》するってすごく不道徳なように思われていたけれど、今ではそんなこと当たり前で、「結婚前のお試し期間」みたいな感じとして、それを勧める人も多いんだよね。

離婚も昔は恥ずかしいことのように思われていたけれど、今ではアメリカ人の2人に1人、日本人の3人に1人は離婚する時代になりました。

仲がいいなら一緒にいればいいけれど、仲が悪いのにずっと一緒にいなさいっていうのが間違いだとわかる時代が来たんだよね。

人は環境が厳しいから死ぬんじゃない

これからは〝心の時代〟です。

心の時代とは「心で幸せになる時代」のことです。だから逆に「心で不幸せになる人」も出てくる時代でもあると言えます。

昔は食べることがやっとの時代がありました。だから、悩みの中心は「どうやって食べるか」だったのね。食べ物とか〝モノ〟の問題だったんです。

それが、時代が変わって日本では「食べることに困らない時代」が来ました。昔の食べることに困っていた時代、つまり環境が厳しいときのほうが自殺者は少ないものでした。つまり、人は環境が厳しいから死ぬんじゃないんだよね。

昔は「欲を捨てなさい」って言ったけど、今は欲のある人のほうが「生きよう！」っていう意識が強いから死にません。つまり、「欲を捨てなさい」というのは貧しかった時代の教えなんです。

昔は、実際に目の前にある問題に対してみんな悩んでいました。でも今は、想像が生み出したものに悩んでいます。そして、その想像が生み出したものの大半は、実際には起こらないことだったりするんだよね。

だから、想像して不安ならそれに備える。備えてもまだ不安なら、それは備えの問題じゃなくて、心の問題と言えるでしょう。そんなときは心を豊かにして、心の中から不安を追い出しましょう。

相手に復讐《ふくしゅう》するのは、あなたの仕事ではありません

私たちはさまざまな出来事を通して学びを得ます。その中でもっとも大きいのは〝お金〟と〝人間関係〟からの学びです。

人間関係とは、親子や夫婦、会社の上司や部下、同僚とさまざまですが、さらに言えば「自分自身との関係」も含みます。

神は〝自己犠牲〟を嫌います。

「私はいいから、あなたが幸せになって」じゃなくて、まずは自分が幸せになって、その幸せをできる範囲で周りに配っていけばいいんだよね。それが神の望みでもあるの。

それと、「自分さえ良ければ」というのも自分を大切にしていないことだよね。

人によっては「自分さえ良ければ、他人に迷惑をかけても関係ない」と思うかもしれないけれど、他人に迷惑をかければ必ずその報いは自分が受けます。だから結局、それも自分を大切にしていないのと同じことなんです。

また、相手に悪口を言われたり、イヤなことをされたりしたら、その人に「仕返しをしよう」としますが、これもいけません。誰かがあなたの悪口を言ったら、その報いを受けるのはその言った人なんです。

〝報い〟とはいいことをすればいいことで報われて、悪いことをすれば悪いことで報われることを言います。

「復讐するのは神の仕事」といって、その報いは神様がちゃんとやってくれることだから、あなたが勝手にその人に報いを与えちゃダメなの。

だいたい、人の悪口って言ったほうが負けだからね。

言い続けている人は大負けなの。それをあなたまでその人につられて相手の悪口を言ったら、自分の運勢まで悪くなっちゃうんだよ。

だから、私たちができることっていうのはね、「相手を黙らせる」ことではありません。**「相手が悪口を言っても、自分は言わないようにする」**ことがほんとうの真理なんだよね。

私たち人間は完璧じゃないから間違えることだってあります。

そこで成長できる人が、**「間違ったときに謝れる人」**なんだよ。

「謝るとかっこ悪い」と思うかもしれないけれど、謝らない人、または謝れない人のほうが、よっぽどかっこ悪いよね。

謝れない人って我が強いんです。我が強いっていうことは、それだけ魂に汚れがついてるってことなの。それで私たちはみんな、その汚れを落とすために生まれてきているからね。

人は完璧じゃないんです。織田信長も豊臣秀吉も徳川家康も完璧じゃなかったの。それでも後世に名を残すような偉業を成し遂げることができたんだよね。

【第4の法則】

神様を信じる人は成功する

よくよく考えた結果
「お金持ちになりたい」と思ったのならいいけれど
「お金持ちになれば幸せになれる」とか
「問題も全部解決する」とか
〝金がすべて〟みたいに思っていると失敗するよ

神を信じないと「価値のあること」はできない

私はこの本の「はじめに」で「（神様のことを）『あなたも信じてください』と言ったりもしません」と書きましたが、でもあえて言わせてください。神様のことを信じないよりも信じたほうが成功しますし、幸せになれます。

神を信じないと、「人生の最高責任者は自分自身」ということになります。すると、「こんなことをしたらバチが当たるからやっちゃダメ」というような、自分の行動に対して歯止めがきかなくなる人が増えます。

「人をいじめたり、悪いことをしたりすると地獄に落ちる」って思っていない人は歯止めがきかなくて、自分の人生をダメにしちゃうんだよね。

神は間違いができません。だから、私たちは神の最高傑作なんです。

「自分は神の最高傑作であり、価値のある人間なんだ」と思えると、価値のあることをするようにできているんだよね。

自分に投資をするっていうことも、要は**「自分は価値ある人間だ」**と思えるかどうかなんだよ。自分のことを「価値のない人間だ」って思っている人は、価値のないことをしてしまいます。

人間って、同じ顔の人など1人もいません。

双子だってよく見ると、どこかが違うよね。それと同じで、同じ運命の人なんて1人もいません。寄せては返す波ですら同じ波って一つもないの。つまり神が作ったもので同じものって一つもないんだよ。

それで、神が作った人間は、1人ずつ顔も性格も違うけれど、みんな価値のある人間で、それぞれの個性を活《い》かして成功するようにできています。

だから、学校教育でうまくいく人もいれば、そうでない人もいるの。つまり、「学校の勉強ができないからダメだ」っていうことはあり得ないからね。

人間1人ひとりが神の最高傑作であり、それだけで成功できるように作られています。だから、「知らないこと」とは〝知らなくていいこと〟なの。それで何か問題が起こったら、それは学ぶときだと思えばいい。

そのことさえわかれば誰でも成功できますし、誰でもお金持ちになれます。

ただ、ほとんどの人は「これじゃダメだ」と思い込まされているの。

まず自分の価値に気づかないと、「価値あること」はできないからね。

チャンスは「知恵と忍耐を学ぶ機会」として現れる

神様は不公平なことはしません。だから、誰にでも「お金持ちになるチャンス」はあります。その〝チャンス〟は、あなたにとって「知恵と忍耐を学ぶ機会」として現れます。つまり、「神様が望んでいること」をやれば、必ずお金持ちになれるようになっているの。

それと、お金持ちになりたいのなら**「お金の性質」**も知らなければいけないよ。魚を釣るときも、その魚の性質を知らないと釣れないよね。

同じように、お金の性質を知らないとお金持ちにはなれないのです。

魚の性質を知らないと、どれだけ網をかけても魚は獲《と》れません。風向きや潮の流れを見て、どこに網を打つかというのも、魚の性質を知らないとできないことです。

毎回、毎回、漁に行けば大漁で帰ってくる人がいたら、その人はただ「運がいい」のではありません。「どこに網をかけたらいいのか」を必ず知っています。だとしたら「神様に願う必要はないんじゃないか」って言う人がいるかもしれないけれど、魚の性質や潮の流れを作ったのは神なんだよね。

神様がいるかいないかって、いないと思っている人にはいないの。
私は何も、「何か宗教を信仰しなさい」とか言っているのではありません。
神社でお賽銭《さいせん》をあげるのでも、神様はお金を求めていないんだよね。神社って
いろいろと維持しないといけないから、その維持管理費みたいなものなんだよ。
だから、10円あげるのと1000円あげるのとでは100倍ご利益が違うのか
というと、そんなことはないんだよね。
それとか、よく拝み方にうるさい人がいるけど、大切なのは拝み方じゃなくて、
神様がいるんだと信じることなんだよ。

「心の問題」と「お金の問題」は解決の仕方が違う

心の問題は、心のあり方次第でどうにでも解決できます。

だけど、お金の問題だけはお金がないと解決できません。

どう考えたって「ないものはない」んです。

この世には「心の問題」と「お金の問題」の2つの大きな問題があって、私は子どもの頃に悟りました。

それは**「心の問題は〝考え方〟でどうにでもなるんだ」**ということ。

ところが、お金の問題は「現実の問題」です。だから公務員はお金持ちになれないじゃなくて、もらったお給料の1割を貯《た》めて、貯まったお金を増やす方法を考える。そうすれば誰でも「お金持ちになること」はできるんです。

この世で起こる問題には必ず答えがあります。

貧しいんだとしたら、それは「貧しい」という問題なんです。

だから解決する方法は必ずあります。

神は解決できない問題は出しません。

解決できない問題を出したら、それは、ただの〝いじめ〟だよね（笑）。

神は私たちを苦しめようとしているのではありません。

だから、見方を変えれば必ず解決する方法は見つかるからね。

知恵とは〝出し癖〟のこと

人間は独りでいると寂しくなってしまいます。でも、「欲と二人連れ」なら急に元気が出るものだよね。

「欲を捨てて、無になって」っていうけど、人間は死んでも無にはなりません。

「人生は虚《むな》しい」って言う人がいるけれど、それは**「知恵」**がないからです。

楽しく生きる〝知恵〟がないと虚しくなってしまうよね。

人間は死んであの世に行っても無にはならないから、生きているうちに起きた問題に対して「虚しい」とか否定的な言葉を言ってないで解決するの。

問題は悩むために出てくるんじゃなくて、解決するために出てくるんだよ。だから、起きたことを一つずつ解決していけばいいんだよね。

まず、その人に合った問題が出てきます。そして、どんな問題もあなたにだけに出ているんじゃありません。

自分で考え出すのも知恵。人に話を聞くのも知恵。本を読むのも知恵。要は**どんな知恵を使ってもいいから乗り越えられればいいの**。

それで乗り越えれば魂が成長して、上に上がれば上がるほど幸せになるようにできています。

問題解決ってゲームみたいなもので、すごく楽しいんだよ。私たちは神様が用意してくれた〝**人生という名のゲーム**〟の中で生きているんだよ。

それと、知恵は〝**出し癖**〟なんです。

知恵がない人なんていません。知恵を出しているとまたどんどん新しい知恵が入ってきます。だから決して〝出し惜しみ〟をしてはダメなんです。

自分の思い通りに生きることは不可能じゃない

私はきっと、誰よりも欲張りなんだと思います。お金持ちになりたいし、人にも好かれたいし、言いたいことも言いたいし、自由もほしいの。「そんなことは不可能だ」って言われるけれど、不可能じゃないんだよね。

私は会社を大きくしたいけれど、あまり人は使いたくはありませんでした。だから必要最低限の人数で会社をやっています。

それで、言いたいことは言いたいんです。だからといって人に嫌われたくはありません。だとしたら、**〝自分が言いたいこと〟**で**「人が聞きたい話」**をすればいいんです。

人が聞きたい話をしていれば、いくらでも人は聞いてくれます。そしてやっぱり、人が聞きたくない話よりも、人が聞きたくなる話のほうが話すほうも楽しいんだよね。

よく「周りの人が自分の話を聞いてくれない」って言う人がいるけれど、それは相手が聞きたい話をしていないだけなんだよ。

それと、「経営者は嫌われるものだ」って言われますが、それは単にその人が嫌われるようなことをしているだけなんです。世の中にはみんなから好かれている社長もいます。

社員や関係者全員から好かれることは無理だけど、大多数から嫌われるとしたら何かが間違っている証拠です。

だいたい、**人間は人間が好き**なんです。だから、嫌われる人には嫌われるだけの理由があるんだよね。

迷ったときは「お金になるほう」を選ぶこと

迷ったときって結局、**「お金になるほう」**が正しいんです。

お金になるということは、それだけ需要や要望があるということだし、必要としている人が多いということです。つまり、それだけ人のためになるのです。

だから何か迷ったときは「どちらが自分にとって儲《もう》かるか」を考えてみるといいよね。

「儲かるか」っていうと、なんだか「お金に〝がめつい〟」みたいなイメージだけど、そうではありません。

たとえば、「ボランティアの仕事」と「お金がもらえる仕事」があったら、まずは「お金がもらえる仕事」を選んだほうがいいでしょう。

私は何も「ボランティアが悪い」と言っているのではありません。ボランティアも社会には必要です。

でも考えてほしいのは、**「お金がもらえる仕事」**とは、お金を払ってでも人手がほしいってものだよね。それだけ使う側の人は困っているわけだし、需要もあるということ。

それで、使う側も使われる側も助かって、その商品やサービスで助かる人がいて、そこからまた新たな消費が生まれて景気も良くなると、結局みんなが助かるんだよ。

これは〝自戒の念〟も込めてのことですが、お金に困らなくなると「売れなくてもいいから、いい本を作りたい」って思うんです。でも、いい本ってやっぱり売れるんだよね。

だから「売れなくてもいいから、いい本を作りたい」っていうのは私のエゴだったり、押し付けだったりするかもしれないし、みんなとの意識のズレを生むことにもなりかねません。

お金よりも大切なものってたくさんあります。また、お金で買えないものもたくさんあります。そこで私が言いたいのは、「友情よりもお金を大事にしなさい」ではなくてね、「お金より友情を大事にするときだってもちろんある」し、「お金よりも愛のほうが大切なんだ」と思うときは愛のほうを取ればいいんだよということ。でも、迷うんだとしたらお金を選んだほうが、結局は正しいことが多いんだって言いたいの。

昔は食べ物でも分け合わないといけないくらい貧しい時代があって、ときには誰かが我慢したり、犠牲になったりすることも必要でした。

でも、今は日本では食べ物の廃棄が問題になるくらいにモノが溢《あふ》れています。誰かが我慢したり犠牲になったりするよりも、お互いが得する方法がいくらでも選べる時代なんだから、そうしたほうがいいよね。

ただ、いくら「お金になるほうが正しい」といっても、社会常識から逸脱することや、法律にふれることは絶対にダメですよ。

お金はあなたにとって「ただの紙切れ」ですか？
それとも「友達」ですか？

お金には〝**意志**〟があります。

使い捨てのカミソリだって、大切に使って「よく切れてえらいね」って言っていると、何倍も長く使えたりします。

それと一緒で、いつもお金に感謝をしていると、お金はあなたのために「もっと働こう」としてくれるのです。

でも「お金ってただの紙切れだし、数字だから意志なんかない」と思っている人にとってはやっぱり〝ただの紙切れ〟や〝数字〟でしかないんだよね。

『バビロンの大富豪』（ジョージ・S・クレイソン著、グスコー出版刊）という本があります。とても素晴らしい内容なので、私はみんなにこの本を読むことを勧めています。

ただ、この本の中には「お金を自分の奴隷のように使いなさい」って書いてあって「ん?」と思ったけど、それでも実際、多くの人が大富豪になれました。

でも、「お金は奴隷だ」って言っているよりも**「お金は大切な友達だ」**って言っているほうが絶対にいいし、実際、お金はあなたのために働いてくれるんだよね。

私は**「お金は神のひらめきだ」**って思っています。

神様もそうです。「神はいない」と思っている人に神はいません。

でも、私のように神様はいるんだと思っている人には、いるようなことが起こります。

これは、「どっちが正しいか」を争うような問題ではありません。それよりも、どっちの考えが幸せで、どっちの考えが楽しいかの問題だと私は思います。

だから、「神様はいない」と思っている人を説得する気はまったくありません。

来世があるかどうかも同様です。

来世があると思っている人も、ないと思っている人も、いつかは共に死にます。だとしたら、絶対に来世があると思っているほうが幸せなんです。

私の考え方というか、私がみんなに伝えたいことというのは、まず今世幸せになって、お金にも困らなくて、来世も幸せになる生き方なんだよね。

お金の「2つの側面」を知れば行動が変わる

お金には「2つの側面」があります。

一つは〝数字〟としての面。どういうことかというと、10万円稼いで8万円使えば、残るのは2万円です。それで20万円稼いで使うのを8万円にすれば12万円残るんだよね。

でも20万円稼いだら20万円使っちゃう人もいるし、さらには22万円使っちゃう人もいます。

だから、結局、お金持ちになろうと思えば**「稼ぐ額を多くする」**のと、**「使う額を少なくする」**ことが大切だっていうことがわかるよね。

それともう一つは**〝エネルギー〟**としての側面です。

お金には力があるから、その力をどう使うかってすごく大事です。

お金を威張って使うか、感謝して使うか、汚く使うか、キレイに使うかで、同じ10万円を使うのでも、結果が大きく変わります。

結局、人は、お金を使わないと生きていくことができません。そこでパンを1つ買うのでも、「ここのパンは美味《おい》しいですね」とか「ありがとう」って言って感謝をしながら感じ良く買うのと、「俺は客なんだから、サービスしろ」とえらそうに買うのとではまったく違うよね。

それと、楽しんで手に入れたお金と、苦しんで我慢しながらもらったお金も違ってきます。同じ20万円でも、楽しみの結果で生まれたものと、苦しみの結晶としてできたものとでは違ってくるのはわかるでしょう。

だから、どうせ稼ぐのなら、苦しみながら稼ぐよりも楽しみながら稼いだほうが絶対にいいんだよね。

それで1割ぐらいは自分のために使う。

貯めることも大事です。

「お金を貯め込むことはケチだ」とか「悪いこと」のように言う人もいるけど、お金を貯めない人のほうがケチって生きていかないといけない結果になるんです。

やっぱり金銭的なゆとりがないと心がどうしても狭くなっちゃいますし、心が狭くなると、どうしても人と争ってしまいます。

たった一度の人生を人と争って生きるよりも、心豊かに過ごしたほうがいいに決まっています。だからやっぱり、お金を貯めることは必要なんだよね。

そして、お金持ちなのに汚いことを言う人って、よっぽど心が貧しいんです。

〝怠け者〟は神に願い、〝努力家〟は神に感謝する

神様にお願いする人と、神様に感謝する人がいます。

努力家の人は神様に感謝します。そして、怠け者は神様に願うんです。神様に願い事をすること自体は決して悪いことではないけど、努力もしないで「神様、お願いします」って言っても、それでは「知恵と忍耐」が養われませんし、本人のためにならないから神も助けられません。

これはあくまでも私の個人的な考え方ですが、日本では男性に比べて女性の社長が少ないのは、「玉の輿《こし》」があるからなんだと思うんだよ。だから、努力を怠るんだよね。

ほんとうは男も女も能力は同じなんです。それどころか、女性は本気になったら男性が太刀打ちできないくらい、実力を発揮します。でも、「逆玉（の輿）」って少ないから、男は自分で稼ぐしかないんだよ。

努力していると必ず知恵が湧いてきます。その知恵は決して裏切りません。知恵って出せば出すほどつくようにできているの。

「仕事が面白い」のも、努力しているといくらでも知恵が湧いてきて、それが自分のためにもなり、周りの人たちのためにもなるからです。

世界一のお金持ちだって、ちゃんと働いています。つまり、お金がたくさんあって、やりたいことはなんでもできる中でも、やっぱりやりたいことって仕事なんだよね。ということは、ほんとうは仕事が一番楽しいんだよ。

だから、「宝くじが当たったら、仕事をしなくて済む」って思っている人は、仕事の本質をわかってない人だよね。

たまに「どうやったら宝くじが当たりますか？」って私に聞く人がいるんだけ

ど、私は宝くじを当てたこともないし、買ったこともないの。

よく、「宝くじの高額当選者を追跡取材すると、不幸になっている人がけっこう多い」って聞きますが、私はその通りだと思います。

お金って、得ることも大事だけど、**使い方や維持の仕方**をわかってないと、逆に不幸になるものなんだよね。

ほんとうはお金を得る方法や貯める方法、その額に見合った使い方や維持の仕方なんかを徐々に覚えるんだけど、いきなり高額のお金を持っちゃうと、それができないいんだよ。

たとえて言うなら「キャッチボールしかできない人がいきなりプロ野球の選手に選ばれた」みたいなものなの。

見た目には華やかかもしれないけど、その役割の重みに潰されちゃうんだよね。

普通、3億円のお金持ちになるにはそのための〝**ストーリー**〟があるものです。

建物で言うと、30階建てのビルを建てるには十分な基礎工事をして、その基盤の上にビルを建てますが、いきなりお金持ちになるって、一気に30階の高さのところに行って手を離されるのと同じなの。それだと落っこちるしかないよね。

だから相当痛い思いをすると思うよ。

お金に振り回されるのは「自分が主役」の人生を生きてない証拠

お金が持てるのって、結局は〝**器量**〟なんです。

たとえば、あなたの器量が〝おちょこ1杯分〟だとしたら、いくら「華厳《けごん》の滝」に行って水を汲《く》もうとしても、〝おちょこ1杯〟しか汲めないんだよね。

じゃあ、その器量ってなんですかっていうと、それもやっぱり「**知恵と忍耐**」なんだよ。

たとえば、味もわからないのに1本50万円のワインを飲んで喜んでいるっていうのは知恵がないよね。

それとか、「値札を見ないで買い物ができるようになりたい」って言う人がいるけど、値札を見ずに買い物するって、その商品の価値も見極めずに買い物するのと同じです。「それがほんとうに知恵のある人のすることなのか？」っていうことなの。結局、器量があるってそういうことだと思うんです。

わからないことを**「わからない」**って言えるのも器量です。

「俺は３０００円のワインも30万円のワインも味がわからないから、３０００円のほうでいいよ」って言えるのがほんとうの器量だし、それがお金を大切にするっていうことだし、真のお金持ちのすることだと思うんだよね。

多くの人は味よりも、ただ「30万円のワインを飲むこと」に憧れたり、「値札を気にせずに買い物すること」をすごいことだと思うけれど、実際はそうじゃないの。お金の価値をほんとうにわかってる人はそんなことしませんし、したいとも思わないんだよ。

私は、ほんとうに器量がある人っていうのは「高級レストランで食べるステーキ」も、「町の定食屋で食べる目玉焼き」も、同じように美味しく食べられる人だと思うんです。

お金があるからって、それまでは町の定食屋でご飯を食べていたのが、高級レストランにしか行かなくなるっていうこと自体が、器量が小さいんだよね。

それと、「周りの意見に踊らされちゃう」っていうのも器量が小さい証拠です。

お金を持って威張ったりする人って、結局、お金に負けているの。「器量が小さい」ということを自らアピールしているのと一緒なんだよ。

お金に踊らされちゃダメだよね。そうじゃなくて、**主役は自分**なの。

お金に振り回される人の人生って、お金が主役なんだよ。

お金にはパワーがあります。だから、そのパワーに振り回されちゃうと、結局は人生もダメにしちゃうんだよね。

よく、お金持ちになったら税金の安い国に資産を移したり、移住したりする人がいます。それで、「一人さんも、やらないんですか？」って聞く人がいるんだけど、私は日本が大好きなんです。

日本が大好きだから、ここで一生懸命働いて、税金もいっぱい日本のために払えたらいいなと思って仕事をしています。だから、日本も私に味方してくれて、商売がうまくいくんだと思っているんです。

あなたがほんとうにしたいことって「お金持ちになること」ですか？

「お金持ちになりたい」っていう人はまず、**「私がほんとうにしたいことって、なんだろう？」**ということを真剣に考えてみてください。

それで、そのことってほんとうに「お金がないとできないことなのか」どうかを考えてみてほしいのです。

確かにお金があればいろんなものが買えるけれど、私たちは高価なバッグや時計を買うためだけに生まれてきたわけじゃありませんし、高級車を乗り回したり、いい家に住んだりすることだけが人生の成功じゃないんだよね。

私は贅沢《ぜいたく》がしたくて「お金持ちになりたい」と思ったことは一度もありません。仕事が好きで、人が好きで、自分の知っていることとできることを出し惜しみせずにやってきた結果が〝今〟なんです。

よくよく考えた結果、「お金持ちになりたい」と思ったのならいいけど、「お金持ちになれれば幸せになれる」とか「問題も全部解決する」とか、〝金がすべて〟みたいに思っていると失敗するよ。

よく、お金持ちになって、高級車を乗り回したり、タワーマンションの最上階に住んだり、毎晩高級な料理やお酒を口にしたりしているけれど、「心が満たされない」とか、「虚しい」っていう人がいます。

なぜそうなるかというと、その人は、結局「お金を使うから好かれている」のであって、「自分自身が好かれていない」っていうことがわかっているんだよね。

仕事が終わって良き仲間たちと焼き鳥を肴《さかな》に酎ハイを飲む。これって最高に楽しいんです。

虚しいっていうのはどこかに嘘《うそ》があったり、中身がなかったりすることなの。

キャバレーに行っていくらモテても帰りに虚しいっていうのも、「自分が客だからモテた」っていうのをわかっているからなんだよね。

贅沢っていうのは、お金をいくらかけたかではありません。

この本を出すときに出版社の編集者の方と打ち合わせがてら、千葉にドライブしたんだけど、そこで使ったお金って4人で2万円ぐらいだけど、その方は「すごく贅沢な時間を過ごせました」って言ってくれました。

結局、贅沢って心が決めることだから「お金をどれだけ使ったか」よりも大好きな人と過ごす時間のほうが価値があるんだよね。

その気になれば、いろいろなことから見習える

私は**「自分の意見は合っている」**と信じています。でも、他に違うことを言っている人が間違っているかというと、そうじゃないの。だから常に気をつけないといけないのは、「自分の意見は絶対じゃないんだ」ということだよ。

絶対というのは〝神の領域〟のことです。

それを、「自分の意見は絶対だ」とかって思っていると自惚《うぬぼ》れて、大切なことが見えなくなったり、周りから人が離れていってしまいます。

だから、「もっと最高があるんだ。今は思いつかないだけで、もっと最高があ

るんだ」って思うことが大切です。

見習うことって、いろんなことからできるんだよ。

これはあくまでも〝たとえば〟の話なんだけど、「不良」っているよね。先生で不良になれって言う人はいないし、親でもいません。

〝不良になるような人〟って親の言うことも聞かないし、先生の言うことも聞かないような人なんだよね。でも、そんな人でも親分の言うことは聞くんだよ。

だとしたら、社長も社員に「あなたは給料をもらっているんだから、一生懸命働くのが当然なんだよ。俺は俺で、外で一生懸命働いているんだから、〝やりがい〟とか言う前にちゃんと働け！」って言えばいいんです。

男には**〝男気〟**っていうのがあります。だから「お前は男気のあるやつだ」って決めちゃえばいいの。

それで、女にも**〝女気〟**みたいなのがあって、それを認めてあげると喜ぶし、すごく働いてくれるんだよね。

私は毎日ドライブしているんだけど、それができるのは、ウチの会社の人たちががんばって会社を守ってくれるからなんだよね。それで、誰も「社長だけドライブ行ってずるい」とかって言わないの。なぜかっていうと、ウチは**「義理と人情」**を大切にしているから、「義理と人情」を大切にしている人たちが集まってきたの。

私は何があっても社員を守るし、だから今も会社は新小岩にあるんです。これが、会社が大きくなったからといって、大手町とか六本木にビルを建てたりすると、みんな通えなくなってしまいます。

だから、社員の人たちもこんな私についてきてくれるんだよね。

これが「義理と人情」の世界なの。

「義理と人情」って任侠《にんきょう》の世界だよね。でも、こんないいものを「任侠の世界の専売特許」にしておくのはもったいないと思わない？

【第5の法則】

「自分は運がいい」と思い込めば運は良くなる

お金持ちになるのも同じことなの
まず「自分は運がいいんだ」と思うこと
そして「お金持ちになるんだ」と心に決めて
収入の1割でも貯《た》め出すと運気も上がり
さらに「加速の法則」も働いて
それ以上に貯まり出すからね

科学的にも証明された「運気を上げる方法」

先日、テレビを見ていたら「〝運がいい〟〝運が悪い〟は実際にあって、運気を上げる方法は科学的にも証明された」という内容の番組をやっていました。

そして、〝運がいい人〟と〝運が悪い人〟を比較したときに、運がいい人のほうが知能的に優れているとか、裕福であるとか、先を予知する力があるということはまったくなかったそうです。

では、どういう人が〝運がいい〟のかというと、**「いつも笑顔でいる人」**とか**「物事を肯定的に考える人」**で、考え方や行動を変えるだけで運気を上げることは可能なんですね。

〝楽な道〟と〝困難な道〟があったときにも、運のいい人は〝困難な道〟のほうを選びます。

なぜかというと、困難な道を選んだということは、そっちでもやっていける自信があるんだよね。

でも、多くの人は〝楽な道〟のほうを選びます。なぜならそっちのほうが楽だから。それで楽な道に多くの人が集まって競争率が高まり、結果的に困難な道のほうが成功することになるわけです。

コインを投げて〝裏〟と〝表〟が出る確率って「どちらも50％」だと思うけど、実際にやると裏のほうが多く出る人と、表のほうが多く出る人がいます。逆に50％対50％になるほうが難しいんです。

それと同じで、お金持ちになるのも「ただ、運が良かったから」という偶然の結果ではなく、**「自分は運がいい」**という思いがあって**「だからお金持ちになれる」**と思った人がなれています。「自分は運が悪い」とか「お金持ちになれるわけがない」と思っている人が偶然にお金持ちになることってほとんどありません。

昔、武道の世界で「勝つと思うな、思えば負けよ」というのがあったんだけど、これは「〝勝てる〟と思うとそこから油断が生じるので、常に気を緩めず、無心で勝負に挑め」ということなんです。だからやっぱり「勝とう」と思って戦わないと勝てないし、ホームランだって「ホームランを打つぞ」と思っていないと打てないんだよね。

お金持ちになるのも同じことなの。まず「自分は運がいいんだ」と思うこと。そして「お金持ちになるんだ」と心に決めて収入の1割でも貯め出すと運気も上がり、さらに「加速の法則」も働いて、それ以上に貯まり出すからね。

「自分は運がいい」と思えない原因は〝恐れ〟

「〝自分は運がいい〟と思っていると運が良くなるよ」と言っても、なかなか「自分は運がいい」と思えない人がいます。

〝運が悪い人〟や〝心配事がいつもある人〟っていろいろな理由があるんだけど、その大半は〝恐れ〟からきています。

〝いつも怒っている人〟というのも、最初は恐れなんだよね。その恐れが攻撃的になったのが怒り。恐れていない人は怒りません。そして、その恐れが内側に向かったときに自分を攻撃して鬱になるんです。

人間の心には〝愛〟と〝恐れ〟しかありません。それはコインの裏表のようなもので、愛が出ているときには恐れは出ないし、恐れが出ているときには愛が出ないものなの。

では、どうすれば恐れが出なくなるかというと、言霊で**「恐れない、怒らない、ついてる、ついてる、ついてる」**って何回も言うんです。

恐れっていうのは大抵、〝何も考えてない〟とか、〝暇なとき〟に出ます。人間は一度に一つのことしか考えられません。手を握りながら開くことができないのと一緒です。握るか開くかのどちらかしかできないんです。

だから言霊で**「恐れない、怒らない、ついてる、ついてる、ついてる」**って何回も言っていると、心の中から恐れがなくなって、愛で満たされるようになるんだよ。

想像すると、そうなる確率が上がる

恐れって実は、〝根拠がない〟んです。

「この子の将来が心配だ」って、そんなことばかりを言っている人がいるけれど、それは本人が勝手に恐怖を作り出しているだけなの。

なぜかっていうと、過去は〝過ぎたこと〟だから、もう存在していません。それで、未来というのはこれから先のことだから〝想像〟しているんだよね。だから、お母さんが「子どもの将来が心配だ」っていうのはお母さんの想像なの。

そして、その「この子が心配だ」っていうのはお母さんの否定的想像なんです。

それで、この否定的な想像をしていると、これは科学的にも証明されているんだけど、実際にそうなる確率が上がるんだよ。

だから、子どものことを心配するなら、逆に否定的なことを考えちゃダメなの。

それで、どうしても心配なら**「恐れない、怒らない、ついてる、ついてる、ついてる」**って言ってるか、**「この子は大丈夫だから」**って言っていればいいんです。

その子のためにも言ってあげないとダメなんだよ。

それが子どもも親も、〝恐れの波動〟を打ち消すことにつながるんです。

たとえば、あなたが〝ちょっとイヤなこと〟を考えると、その考えた分だけ〝イヤな波動〟が溜《た》まります。すると、〝ちょっとイヤな人間〟になるんです。

逆に〝ちょっといいこと〟を考えると、その分だけ〝いい波動〟が心に溜まって〝ちょっといい人間〟になります。

それを〝ちょっと〟と思うけど、そのちょっとで起こる出来事が変わるんだよね。

今のあなたは、生まれてから現在までに考えてきたことの結果です。だから、今起きていることも〝過去に思ったこと〟に影響を受けています。

なので、これから先に起こることをコントロールするために「これから先は大丈夫だよ」とか「安心だよ」とか、先に対して希望が持てることを言っていると、その分だけ希望が持てることが起こるんです。

それで積み重ねていった分だけ、**「ちょっと運のいい人」**から「わりと運のいい人」へ、それから**「ものすごく運のいい人」**に変わっていくんだよね。

あなたは、あなたの思った通りの人間になる

今のあなたに起きている現象は、〝過去に思ったこと〟からきています。だから**「あなたは、あなたの思った通りの人間になる」**んです。お釈迦《しゃか》様もイエス・

キリストも同じようなことを言っています。

だから、これから起こることを変えようと思うのなら、考え方を変えてしまえばいいんだよね。

言っている言葉を変えて、考え方も変える。そうやって積み重ねていくと起きる出来事が変わって、人生も変えることができるんです。

あなたの言っている言葉って、あなたを幸せにも不幸にもするだけじゃなくて、周りを幸せにも不幸にもします。

お母さんがそのことを知っていれば、自分を幸せにして、子どもを幸せにして、旦那さんを幸せにすることだってできるんだよね。

「子どもの心配をしちゃダメだ」って言っているんじゃないの。

ただ、心配という恐れの波動を出すよりも、**「大丈夫だよ」**っていう愛の波動を出すことが大事なんだよね。

それで、その親の〝愛の波動〟を受けて、子どもも愛の波動を出せるんだよ。

無風の部屋で紙を上から床に対して垂直に落としたとき、表を向いて落ちるのと裏を向いて落ちるのは半々の確率のはずなのに、「表、表」って念じてると圧倒的に表になる確率が上がります。

思いにはエネルギーがあります。だからこそ、思いはいろいろなものに影響を与えるのです。同じ思うなら不安になることを思うよりも、今日が、そして明日が楽しみになることを思ったほうがいいよ。

ついてない人は結婚できてもついてない

「会社をクビになったらどうしよう」とか「結婚できなかったらどうしよう」とか不安になることをいろいろ考えるけど、起きる問題にはすべて〝解決策〟があります。だから、実際に問題が起きたら「どうやって解決するか」を考えればいいいだけなんだよね。

それで、悩んでいる状態というのは〝恐れ〟です。人間の運勢を悪くしますし、さらにその人の能力を発揮できなくさせます。

「結婚できない」と思うなら結婚相談所に行くとか、問題を解決する方法はいくらでもあるよね。その正しい行動ができないのは恐れからなの。

恐れというのは〝不幸の波動〟だから、幸せとはかけ離れています。

恐れから生まれる幸せってありません。

悩みというのは個別の問題よりも恐れからきています。恐れているからその問題を引き寄せるの。だからまず、その恐れをなくす。その恐れがなくなれば自然と何をすればいいかわかるんだよ。

よく「私はこうで、こうで、こうで、不幸なんです」って並べながら言う人がいるんだけど、コインだってそんなに続けて裏ばっかり出ないのに、なんであなただけに不幸が起こるの？　って一人さんは言いたいよね。

だから、何かを変えない限り起きる現象は変わりません。それで何を変えるかというと、まず使う言葉を変えるの。「ついてる、ついてる、ついてる」って言っていると〝ついてること〟が起こるし、そうすると結婚してもしなくても、〝ついてる人生〟に変わるんです。

〝ついてない人〟は結婚してもついてないよね。

〝大本〟を変えないと起きる現象は変わらない

道が二手に分かれていて「どちらに行けばいいことが起こるか」じゃなくて、ついてる人は「どちらに行ってもついてる」し、ついてない人は「どちらに行ってもついてない」んだよね。

占いでも「北の方角が吉」とか言うけど、私はそういうのをまったく気にしません。なぜなら、私自身がついてるから、私の行くところが一番いいところなんだよね。だから千葉へ行こうが埼玉へ行こうが、私にはいいことしか起きないんです。

それでイヤなことが起きたとしても、しばらくすると「あれがあって良かった」って、いいことに転化します。

逆に、ついてないと思っている人はどこに行ってもついてないし、一つ問題を解決してもまた違う問題を引き寄せるんだよね。

ついてる私は中学しか出ていませんが、大金持ちになれました。

逆についてない人は大学を出たってついていません。

みんな〝大本〟を変えないで、目の前で起きる現象だけを変えようとしているんだよね。

ある人が「親が離婚して、父親が蒸発して、引き取られた先でいじめられて、結婚したら今度は……」って延々と自分の不幸を語っていたから、私は「なんで自分だけに不幸が続くか、考えてみたことある？」って聞いたんです。

自分だけに不幸が続くんだとしたら、「これっておかしいぞ」って思わないとダメなんだよ。

心は思いだから、変えるのには1秒もかかりません。

だからまず「ついてる」って言えば、その分だけ変えることができるんです。

でも、そういう人に限って〝見事に〟やらないんだよね。

何も変えずに何かを変えたいって無理です。

元を変えずに現象だけを変えるのも無理なの。

それで、思いを〝完全に変える〟のも実は無理なんです。じゃあ、何を変えるかというと、言葉を変えるの。心は〝コロコロ〟と動くから、変えたつもりでもすぐに元に戻ってしまいます。だから、その度に言霊で「大丈夫だよ」とか「ついてる」と言って、常に心が不安のほうを向かないようにしないとダメなんです。

最後に「良かった」と言えば〝良かった人生〟になる

私のところに相談に来て、その後、出世したり成功したりする人には、ある〝共通すること〟があります。それは、過去に起こったイヤな出来事や失敗を**「それで良かったんだ」**と認めることができたことです。

逆に変われない人というのは、「あのとき、こうしなければ……」とか「……が許せない」と、過ぎ去ったことにいつまでもしがみついています。

「過去は変えられないけど、未来は変えられる」って言う人が多いけれど、まず、過去の出来事を許したり、認めて手放したりしないと、いつまでも前に進めませんし、未来を変えることもできないんだよ。

それで、良くなった人は「一人さんと出会えて良かった」って言ってくれるんだけど、大切なのは最後に**「良かった」**と思えることなんだよね。

どんなことがあっても、何が起こっても、最後に**「これで良かったんだ」**と思えれば、それは**〝いいこと〟**になります。最後に**〝良かった〟**で締めれば、その人の人生は**〝良かった人生〟**になるんです。

今までのことはどうでもいいの。今までのことは終わったことなんだよ。

そして、これからのことは〝想像〟なんだけど、自分にとっていいように**〝創造〟**するんだよ。創り上げていくんだよ。

ただ、すぐには変わらないかもしれません。だって、勢いっていうのがあるから。たとえば、時速100キロメートルで走っているときに急ブレーキをかけてもすぐには止まらないけど、何十メートルかスピードを落としながら走って、それでブレーキを踏むと止まることができるんです。

走っている途中で急ハンドルを切ると横転しちゃうから、十分にスピードを落とすか、止まるかしてから、ハンドルを切ればいいんです。

成功者ほど自分に騙《だま》される!?

〝恐れている人〟って、どんな運が来てもつかまないんです。だから成功することができません。

ところが、**〝自分は運が強いと思っている人〟**は、どんなことが来ても**「これは自分にとっていいことだ」**とつかみとるし、運のいいことに変えちゃうことができるものなの。

それと、多くの人は〝間違えないようにする〟けど、実は〝間違えたほうがいい〟んです。

たとえば、コップが2つあって、どちらかが〝塩水〟でどちらかが〝砂糖水〟だとします。それをじっと見ているだけでは、いつまでもわかりません。だから、ちょっとだけ味見してみればいいんです。

多くの人が「どっちかなぁ？」って1時間ぐらい考えているうちに、私なら1分とかからずに味見して、どちらが砂糖水かわかるんです。

迷ったってわからないことを悩んでいること自体がまた運を悪くするんだよ。

それでまず、〝自分は絶対じゃない〟ということを知るんです。成功の秘訣《ひけつ》っていうのは、**「神は絶対だけど、自分は絶対じゃない」**と知ることなの。

それで、成功者ほど自分に騙されます。「自分は賢い」と騙されるんです。

でも、神を信じている人は、自分が絶対じゃないことを知っています。だから、「今度の仕事はこれで絶対だ！」って言いながらも、「自分は絶対じゃない」ってわかっているんです。だから、やってみて間違っていたらすぐに変えることができるんだよね。

人間は完璧ができないようになっています。そして、それが神の愛なんです。

完璧ができないから、どれだけいいものを作っても、さらに改良してもっといいものを作れたりするの。

そして、完璧なものは進化できないから、壊れるだけなんだよ。車だって今出ているのは最新技術を装備しているけど、さらにもっと便利な車ができるんだよね。

人も完璧じゃないから、今よりもっと良くなれます。あなたが今どれだけ不幸でも、必ず幸せになれますし、あなたが今すごく幸せでも、もっと幸せになれるからね。

「頭がいい」とは自分の不完全さを知ること

私が事業を始めてから、これまでずっと成長し続けられてきたのも、「自分は完璧じゃない」ことを知っているからなんです。

「こっちだ！」って決めても「もしかしたらこっちかな」って思っているから、違ったらすぐに方向転換できるんだよね。

屏風《びょうぶ》は曲がっているから倒れないんです。それと同じで、曲がりながら進めばいいんだよ。それを間違えずに、まっすぐ進もうとするから倒れるの。それで、頭のいい人ほど大きな失敗をするんだよね。

世間の人が「一人さんってすごいです！」って言っても、自分まで「俺はすごい！」って思っちゃダメなの。

どれだけおだてられても、私たちは完璧じゃないことを知っていないとダメなんです。どれだけ成功しても自分の未熟さを知っている人は謙虚でいられます。

さっきのコップの話でも、自信があっても「ほんとうにこれは砂糖水かな」って恐る恐る舐《な》めて確かめるの。それを過信して、ガバッと飲むから大変なことになるんだよ。投資でも自分を過信して投資するから、それで立ち直れないぐらい大損するんだよね。

商売は、自分たちがお客様の役に立つようなことを考えないとダメなの。お客様が自分たちのためにいるんじゃないんだよ。そのことを忘れちゃダメだよ。だから、謙虚さのない人は失敗するの。仕事でどれだけ自信があっても、氷の上を歩くぐらい慎重じゃないとダメ。

「頭がいい」っていうのは学歴が高いことでも、知識が豊富なことでもなく、自分は不完全なんだっていうことを知っていることだよね。

私たちは人間だから完璧なわけがなく、完璧である必要はありません。

人は完璧を望むし、目指すけれど、神は決して人に完璧を望んでないの。神が望んでいるのは成長なんだよ。

徳を積むと不必要な恐れがなくなる

〝恐れ〟はどんなことをしてもあるんです。特に〝初めの一歩〟は誰でも怖いんだよね。でも、徳を積むことで人は必要以上に恐れなくなるの。

たとえば、トイレに入って汚れていたら拭いて出てくるとか、ご飯を食べたら「美味《おい》しかったです」って言うとか、普段からいいことをしていると、**「徳をたくさん積んでいたら神様が味方してくれる」**って思えて、不必要な恐れがなくなるんです。

人はみんな、怖いんです。怖くて当たり前なの。もし「私は全然、怖くありません」っていう人がいたら、それはただ鈍感なだけなんだよ。

いくら怖くても、それでもやっぱり一歩を前に出さないと進んでいくことができません。

そんなとき、恐れて一歩が出せないのか、恐ろしくても一歩足を出せるかの差は、日頃から徳を積んで、神社に参拝したりして神に手を合わせているかどうか。そうしていると、「いざというときは必ず神様が守ってくれる」という自信につながって、一歩を踏み出すことができるの。

その一歩を出すときに日頃の徳があり、神が味方してくれて**「だから自分は大丈夫だ」**って思えるかが重要なんです。**徳を積むって大事なんです。**徳を積んだからってすぐにいいことはないかもしれませんが、必ずあなたが一番必要なときにその積んだ徳は返ってきます。

神が描いてくれた人生は、あなたが思っているよりもスケールが大きい

受験なんかのように、「イヤだから」といって逃げられないことってあります。それで、ほんとうに運のいい人っていうのは、試験に合格しても運がいいし、試験に落ちて希望するところとは違う学校に行っても、そこで生涯の友を見つけたり、進学を諦めて働き出した先で成功したりします。

あなたが思っている人生はあなたが描いた人生だけど、神が描いてくれた人生はもっとスケールが大きいんだよね。

だから、徳を積んで運だけ良くしていれば、あなたががっかりするようなことでも、実際はのちのちすごくいいことにつながるんだよ。

私はまさか、累計納税額が日本一になったり、本を書いてそれがベストセラーになったり、全国に何十万人とファンができるとは思ってもいませんでした。

正直に言えば、小さい頃からあまりほしいものってなかったし、小銭があって自由があればそれでいいと思っていたのが、神がこんなステージを用意してくれたんです。

私がしてきたことといえば、トイレが汚れていたらキレイにして出てくるとか、人のことを褒めるとか、あまり美味しくないラーメンでも「ごちそうさま、美味しかったよ」って言うとか、その程度のことなんだよね。

自分のできる、小さな徳を積んできただけなんです。

水道の水でもポタポタとたれている滴は小さくても、いつの間にかバケツいっぱいの水が溜まるのと同じように、小さな徳でも積んでいるといつか大きなチャンスに変わります。

逆に陰で人の悪口を言ったり、不親切なことを積み重ねたりしていると、いつかそれが大きな不幸になって自分の身に降りかかるんだよね。

神はあなたに「すごいことをやれ」と言ってないの。**「できることをやりなさい」**と言ってるの。神はできることをやらないことを、一番嫌うんだよ。

困ったときのために貯めると、困ったことが起こって消えていく

同じお金を貯めるのでも、「お金持ちになりたい！」と思って貯めるのと、「困ったことが起きたら大変だから」と言って貯めるのでは結果が違ってきます。

困ったことが起きたときのために貯めると、実際に困ったことが起こって貯めたお金は消えていくんです。

〝恐れ〟でお金を貯めると恐れで消えていきます。「何かあったら困るから貯めよう」って言うと、〝何かあって〟そのお金は消えていくの。

それよりも「もっと豊かになりたい」と思って貯めるほうがいいよね。心の中に豊かさのタネをまくと豊かな実がなって、恐れのタネをまくと恐れの実がなるんです。

「笑う門には福来る」って言うけど、ほんとうに笑っていると幸せになれるし、「いつも笑っていると運が良くなる」っていうことが科学的にも証明されているからね。

〝笑う〟っていうのは〝自分が笑う〟ということも大事だけど、「相手から見たときにそれがどう映るか」も重要です。なぜかというと**「運は自分が発して、人が持ってくる」**んだよ。だから常に「相手にどう思われているか」って大事なんだよね。
「あの人に会うと元気になる」という人がいれば、「あの人に会うと気分が落ち込む」っていう人もいます。「遠くからでも会いに行きたい人」もいれば、「一緒にいるだけで辛《つら》くなる人」もいます。

どうせなら「あの人に会うと元気になる」とか「遠くからでも会いに行きたい」って言われるような人生を送ったほうがいいよね。

問題を解決しただけでは〝悩んだ分だけ〟損

神を信じている人は、「問題が起こったときの考え方」も違います。

多くの人は問題が起こって、それを解決したら「良かった」って思うんです。

でも私の場合だと、問題が起こったらマイナスで、それを解決したらプラスマイナスゼロになって、「悩んだ分だけ損した」って思うんだよね。

なぜかというと、**「神は〝ただ〟問題や試練を与えるんじゃない」**と思っているからなんだよ。その問題から何かを学んで、成長して得をしないとプラスにならないって考えるの。

「一寸先は闇だ」と思っている人と**「一寸先は光だ」**と思っている人とでは、起こる現象も違うし、人生も違います。

それで、「どうすれば〝一寸先は光だ〟と思えますか？」って聞かれるんだけど、思うんじゃなくて言えばいいの。

いつも言っていると、いつかそういう気になってくるものです。

不幸な人っていうのは、急に不幸になったのではありません。小さい頃から考えてきたことが積もり積もって、現在の自分を形成しているんです。

その考えを急に「変えろ」って言われてもなかなか変わらないけど、使う言葉を変えて言っていると起きる現象も変わりますし、相手の見る目も変わり、世間が変わって人生が変わるんだよね。

極端に言えば、いくら意地悪なことを考えている人でも、人に対して優しいことを言う人は、「優しい人だな」って見られるんです。

真の成功とは「成功を重ねること」

お金持ちになりたかったら、まず「5万円ほしい」と真剣に思うんです。それで5万円持てたら、次は「10万円ほしい」と真剣に思うの。そうやって10万円持てたら、それは成功なんです。

思ったことが現実になれば、「自分は願ったことが叶《かな》う」と自信がつきます。

その自信が次のチャレンジや行動につながって、その人の運気も上げます。

それと、真の成功とは**「成功を重ねること」**なんです。

成功を重ねていくと、あなたの波動が変わります。波動が変われば引き寄せるものも変わるんです。

それをいきなり1000万円とか1億円を目標にするからダメなんだよ。お金持ちになりたかったらまず、自分が可能なところから始めるの。まずは3万円から始めて、次は6万円、9万円と成功を重ねると、脳は「やればできる」と思うようになります。

だけど自信のない人ほど「叶わない夢」を持つんです。それでやってもできなくて、余計に落ち込むんだよ。だから、目標は下げればいいの。

貯金が一銭もなかった人が3万円貯められたら、それだけで〝お金持ち〟なんです。そして、そのお金持ちを続けていけばいいんだよね。

3万円貯められたらお祝いをする。また3万円貯められたらお祝いするという具合に、楽しくお金を貯めていくの。

これが遥《はる》か遠くに目標があったら辛いし、楽しくないよね。

よく「大きな夢を持て！」っていうけど、私に言わせれば**「夢は小さく、努力は大きく」**なんだよね。そうすれば、誰だって成功するんです。

モーゼは海が割れる前から神を信じていた

ライオンは「百獣の王」と呼ばれていますが、ライオンがほんとうに無敵なら、世の中ライオンだらけになっちゃうけど、そうはなりません。

これは神がいる証拠です。

先日、中華料理店に行ってご飯を食べていたら、注文したものでまだ来てない料理があるのにお腹《なか》いっぱいになってしまいました。

そこで念のために聞いてみると、お店の人はその注文を忘れていたそうです。

私はこれを聞いて「やっぱり、神はいるな」と思いました（笑）。

神様がいると思っていると、ちょっとしたことにでも感謝できるようになります。目の前で海が割れないと神が信じられないとしたら、それはもったいないし、かわいそうだよね。

でもモーゼは、海が割れる前から神を信じていたの。だから奇跡が起きたんだよ。小さい奇跡に感動しない人には、大きな奇跡は起きません。

奇跡って電話帳と一緒なんです。1枚1枚はすごく薄いのに、それが1冊になったときにあれだけ分厚くなります。それと一緒で、小さい奇跡を信じられるからこそ、それが積み重なって大きな奇跡が起きるんだよね。

「運がいい」というのも一緒です。

「いいことが起こらないから運がいいと思えない」じゃなくて、「運がいい」と思っているからいいことが起こるんです。

あなたも私も、共に〝**神の子**〟です。受け取る準備さえ整えば、いつだって豊かさや幸せといった〝**神の愛**〟を受け取ることができますよ。

おわりに

私は「**お金の真理**」をみんなに知ってもらいたいんです。

みんながこのことを知ってお金持ちになれば、この国にお金持ちが増えます。

そして、お金持ちがいっぱいいいる国が豊かな国なんです。

福祉が充実している国が豊かな国だっていうけれど、お金を儲《もう》けてちゃんと税金を払う人がいなければ、福祉も成り立ちません。

それで、福祉サービスを受ける人もこのことを知れば豊かになって受けなくて済むようになりますし、ほんとうに必要な人に行きわたるよね。

税金を払う人も「ごまかそう」じゃなくて、自分の税金が必要な人に使われていると思えば嬉《うれ》しいものです。

よく「お金が絡むと争いが起こる」っていうけれど、本来お金は、神様が人間を幸せにするために作ってくれたものです。

お金で争ったり、困ったりするのは「それは間違っていますよ」という神のお知らせですし、それだけその学びが必要な証拠です。

だから、そのことに気づいて稼いだお金の1割を残し、あとは自分を幸せにするために、そして周りを幸せにするために使う。

そうすれば、お金に困らなくなるだけじゃなく、〝**真の豊かさ**〟も手に入れることができますよ。

2016年3月吉日

斎藤一人

斎藤一人（さいとう・ひとり）のプロフィール

実業家。「銀座まるかん」（日本漢方研究所）の創設者。1993 年から納税額 12 年連続ベスト 10 入りという日本新記録を打ち立て、累計納税額に関しては 2006 年に公示が廃止になるまでに、前人未到の合計 173 億円を納める。土地売却や株式公開などによる高額納税者が多い中、納税額はすべて事業所得によるものという異色の存在として注目を集めている。また、著作家としても「心の楽しさと経済的豊かさを両立させる」ための著書を何冊も出版している。主な著書に『微差力』『眼力』『変な人の書いた世の中のしくみ』『人とお金』『おもしろすぎる成功法則』『地球は「行動の星」だから、動かないと何も始まらないんだよ。』『大丈夫だよ、すべてはうまくいっているからね。』（いずれも小社）などがある。


ひとりさんがブログを始めました！

「さいとうひとり公式ブログ」

http://saitou-hitori.jugem.jp

お金の真理

2016年5月30日 初版発行
2016年6月1日 第2刷発行

著　者　斎藤一人
発行人　植木宣隆
発行所　株式会社 サンマーク出版
〒169-0075
東京都新宿区高田馬場2-16-11
(電話)03-5272-3166

印　刷　共同印刷株式会社
製　本　株式会社若林製本工場

ISBN978-4-7631-3546-9　C0030
ホームページ　http://www.sunmark.co.jp
携帯サイト　http://www.sunmark.jp